DER LEBENDIGE RUDOLF STEINER

EINE APOLOGIE

MIEKE MOSMULLER

DER LEBENDIGE RUDOLF STEINER

Eine Apologie

OCCIDENT VERLAG

1. Auflage Juni 2008
2. Auflage August 2008
3. Auflage November 2008
4. Auflage März 2011
5. Auflage März 2025

ISBN 978-3 - 00- 024743-9

Internet: www.occident-media.com
E-Mail: info@occident-media.com
Umschlagabbildung: Rudolf Steiner, 1915
Foto Rietmann, © Verlag am Goetheanum

INHALTSVERZEICHNIS

Vorwort 11

ERSTER TEIL

Die vierte Quelle. Eine Verantwortung 17

Das Lesen der Werke Rudolf Steiners 19

Denker oder Eingeweihter? 23

Rudolf Steiner als Denker 28

Rudolf Steiner zwischen Denker und Eingeweihtem . 38

Einweihung in Christus 44

Die christliche Theosophie 52

Wie erlangt man Erkenntnisse der höheren Welten . . 54

Ein Umriss der Geheimwissenschaft 59

Durch die Ausgestaltung des reinen Denkens kommt man in eine künstlerische Verfassung 63

Die christlichen Vorträge von Rudolf Steiner 77

Rudolf Steiner während des Ersten Weltkrieges 82

Nach dem Ersten Weltkrieg 87

Die Kunst des Goetheanums 90

Die Anthroposophie auf ihrem Weg in das Leben . . 92

Die Weihnachtstagung 97

Das Karma Rudolf Steiners im Zusammenhang mit dem Karma der Allgemeinen Anthroposophischen Gesellschaft 101

Die Gesellschaft und die Anthroposophie nach 1925 120

ZWEITER TEIL

Wie findet man eine Beziehung zum lebendigen Rudolf Steiner? 125

DRITTER TEIL

Nach dem Tode des Geistesforschers 157

Die Bedrohung der menschlichen Intelligenz 164

Die Wirksamkeit der Individualität Rudolf Steiners heute 167

Die Beziehung zum Geiste Rudolf Steiners 186

VIERTER TEIL

Die Gegnerschaft der Anthroposophie in der heutigen Zeit 197

Der Weg zur Wahrhaftigkeit 212

Der lebendige Rudolf Steiner 225

Persönliche Worte 235

LITERATURHINWEISE 239

Vorwort

Bereits seit längerer Zeit hegte ich den Vorsatz, über ‚den lebendigen Rudolf Steiner' zu schreiben. Unmittelbare Anregung, die Geistgestalt Rudolf Steiners in seiner Lebendigkeit zu beschreiben, wurde für mich dann das von Ramon Brüll und Jens Heisterkamp vorgelegte, zum öffentlichen Dialog einladende Diskussionspapier über die Rassismusvorwürfe gegen Rudolf Steiner und die Erstunterzeichnung dieses Anliegens durch eine Reihe prominenter Anthroposophen.

Rudolf Steiner (1861 – 1925) starb 1925, er lebt also nicht mehr. Er selbst hat eine Autobiographie (unvollendet) geschrieben, in der er vor allem seine geistig-seelische Entwicklung schilderte, so wie diese in Zusammenhang mit seinem Milieu und den Personen, die in seinem Leben eine mehr oder weniger wichtige Rolle spielten, zustande kam. Überdies gibt es mehrere Biographien, in denen Leben und Werk Rudolf Steiners ausgiebig dargestellt sind. Noch eine zusätzliche Biographie ist nicht das, was ich mit diesem Buch schreiben möchte.

Rudolf Steiner hat ein mächtiges Werk hinterlassen, eine Gesamtausgabe, die mehr als 350 Bücher zählt. Davon ist nur ein kleiner Teil wirklich von ihm geschrieben (28), die Mehrzahl sind nachgeschriebene oder stenographierte Texte von Vorträgen, die er in mehr als zwanzig Jahren gehalten hat, daneben Zeitschriftenartikel, Briefe usw.

Außerdem hat er auch eine Anthroposophische Gesellschaft ‚hinterlassen'. Eine internationale Gesellschaft, mit einem Zentralvorstand in einem Hauptgebäude in Dornach (CH). Diese Gesellschaft wurde von Rudolf Steiner selbst 1923/24 (Weihnachtstagung) neu gegründet, und sie existiert bis auf den heutigen Tag.

Es gibt also eigentlich drei Quellen, die man fragen kann, wenn man Rudolf Steiner kennenlernen möchte: Die Biographien (inkl. Autobiographie), die Gesamtausgabe und die Gesellschaft.

Es gibt nun jedoch noch eine vierte Quelle, aus der aber nicht so unmittelbar zu schöpfen ist, denn sie muss zuerst geöffnet werden. Während die drei ersten Quellen für jeden zugänglich sind, ist die vierte fast jedem verschlossen. Und während die ersten drei Quellen nur äußerliche Auskünfte geben – wenn auch die *Inhalte* nicht äußerlich sind –, denn sie werden mit dem Intellekt aufgenommen und rühren schließlich vom Wahrnehmen mit den Sinnen (Lesen, Hören, Zuschauen) her, ergibt die vierte Quelle erst die Möglichkeit, Blicke in das innere Wesen von Rudolf Steiner zu tun – insoweit es dem Menschen überhaupt gestattet ist.

Das Innere eines Menschen jedoch stirbt nicht mit dem Tode des Körpers. Es bleibt lebendig und entwickelt sich sogar weiter. Dieses Buch ist aus der vierten Quelle geschöpft und trägt deshalb den Titel: Der lebendige Rudolf Steiner. Dieser Mensch ist noch immer da, entweder in der geistigen Welt, oder aufs Neue in einem physischen Körper inkarniert.

Er schaut zu, was aus seinen drei Quellen, seinem Vermächtnis, gemacht wird, was daraus wird.

Ich habe dieses Buch nicht nur für Anthroposophen geschrieben, sondern für jeden, der ein Interesse an Spiritualität hat und der diesen Meister des Abendlandes näher kennenlernen möchte. Deshalb habe ich beim Darstellen versucht, die (schwierige) Mitte zu halten und einerseits nicht zu viele Details zu geben, andererseits nicht alles für bekannt zu halten.

ERSTER TEIL

Die vierte Quelle
Eine Verantwortung

Wie wird die vierte Quelle geöffnet? Der Weg, den man dazu gehen muss, ist derjenige der liebenden Erkenntnis oder erkennenden Liebe. Auch im alltäglichen Leben erschließt der Mitmensch sich einem erst, wenn diese Erkenntnisart ‚gelebt' wird. Wenn man aber einen Menschen aus seinen Schriften kennenlernen muss, wird es erst recht schwierig. Es muss eine Erkenntnisart entwickelt werden, die nicht mehr intellektuell ist, aber auch nicht nur empfindend.

Die vierte Quelle findet man erst ‚über' dem reinen Denken, ‚über Saturn hinaus', ‚über Sternen muss sie wohnen'.[1] Das darf also keine poetische Redensart sein, sondern muss tatsächlich Erkenntnisart sein. Das reine Denken ist ein Denken, das nur Gedanken denkt, die nicht aus den Sinnen stammen. Das alltägliche Denken ist nur selten rein, weil es fast nur sinnlichen Inhalt hat. Bekannt ist die Aussage von Aristoteles: Nichts ist im Intellekt, das nicht zuvor in den Sinnen war. In unserer Zeit soll man hinzufügen: *außer der Intellekt selbst.* Das eigentliche reine Denken findet man also erst im Denken des Intellekts an sich.

Diese Erkenntnisart wird entwickelt anhand der Anweisungen zur geistigen Erkenntnis von ... Rudolf Steiner.

Gerade er hat uns also die Mittel gegeben, uns dazu bereit zu machen, eine Individualität von innen her in ihrer Lebendigkeit kennenzulernen. Haben wir die Mittel einmal angewendet, entwickeln wir in uns die Fähigkeit zur lebendigen Menschenerkenntnis. Sollten wir diese dann nicht auch einmal für die Individualität des Lehrers selbst anwenden?

Die vierte Quelle liegt also über dem reinen Denken.
Im reinen Denken hat man bereits alle seine Meinungen und Urteile, die im Intellekt walten, hinter sich lassen müssen. Man hat ein Denken entwickelt, das sich so stark angestrengt hat, nur im Denken selbst zu leben, dass es sich ganz vom Egoismus, von subjektiver Sympathie und Antipathie befreit hat, das also vollkommen unbefangen *jeden* Inhalt mitdenken kann, ohne Meinung oder Urteil – denn diese können im reinen Denken nicht weiterleben. Man *erlebt* die Inhalte nur, und es ist ein reines, urteilfreies Erleben. Die *Geduld* beim Erleben liefert schließlich das Urteil: es wird nicht geformt, sondern es überkommt einen.

Ich selbst habe 1983 mit dem Lesen der Bücher und Vorträge Rudolf Steiners angefangen. Im Jahr 1986 liegt der Anfang des systematischen Meditierens und meditierenden Durchdenkens der Philosophie der Freiheit. 1987 überkam mich das erste Mal die Erfahrung des reinen Denkens, zusammen mit der reinen Ich-Erfahrung. Seitdem studiere und meditiere ich das Werk Rudolf Steiners mit einer Fähigkeit, die ‚über Sternen'[2] liegt. 1994 habe ich diese Fähigkeit in einem Buch beschrieben: ‚Suche das Licht, das im Abendland aufgeht'[3] und 2005 in ‚Der Heilige Gral'[4].
Mit dieser – nun seit 21 Jahren bestehenden – Fähigkeit wende ich mich dem Lehrer zu, der noch immer lebt, den man finden kann, den man erkennen kann.
Keine fanatische Verehrung ist es, aus der dieses Buch entsteht, sondern reines Verständnis, reiner Begriff, der in Zusammenhang mit dem Ich-Sinn sich entfaltet.

Das Lesen der Werke Rudolf Steiners

Lesen ist eine wunderbare menschliche Fähigkeit. Wir können aus einer Kombination von Zeichen Worte formen und aus einer Kombination von Worten Sätze, die wir verstehen. Diese verstandenen Inhalte fügen wir dann unserem bereits vorhandenen Begriffsganzen ein, oder wir finden einen Widerspruch damit oder finden den Zusammenhang gar nicht.

Können wir den neuen Inhalt in unseren Denkorganismus eingliedern, so sagen wir erleichtert: Ja, das leuchtet ein!

Finden wir den Zusammenhang nicht, so sagen wir: Ich kann es nicht verstehen. Eine gesunde Seele sucht dann weiter, bis der Zusammenhang gefunden ist und sie sich selbst gestehen kann: Jetzt habe ich es verstanden! Der ‚ungesunde Verstand' ruft beim Nicht-Verstehen jedoch schon bald: Das stimmt nicht!

Am schwierigsten ist es beim inneren Erleben eines Widerspruchs. Hier kommt ein komplizierter Prozess in Gang, und der Leser sollte sich selbst prüfen. Ist es subjektive Antipathie, wird etwas gesagt, was einem unangenehm ist? Stößt das Gesagte an die bereits geformten Meinungen und Urteile? Oder ist es eine objektive Antipathie? Was soll man mit dem Widerspruch anfangen?

Der ungesunde Verstand prüft sich selbst gar nicht, er ist impulsiv und schaut nicht auf sich selbst in der eigenen Seele zurück. Er ‚ruft' schnell etwas: Ich bin anderer Meinung! Damit bin ich nicht einig! Das ist ganz falsch! usw.

Das Aufnehmen-Können oder Abweisen-Müssen der Inhalte der Geisteswissenschaft hängt im Anfang stark mit der Beschaffenheit der Seele zusammen, die sie schon immer hatte. Deshalb kann man Menschen, die sich ihr gegenüber heftig wehren, nicht überzeugen. Man kann nicht einmal wissen, wie sie in den Tiefen der Seele wirklich empfinden. Es könnte sehr wohl aus oberflächlichen Denk- und Empfindungsgewohnheiten die Anthroposophie als unsympathisch abgewiesen werden und in der Tiefe etwas ganz anderes sich darleben. Das freie Verhalten zur Geisteswissenschaft soll also absolut respektiert werden. Man kann wirklich nur für sich streben, um so unbefangen wie nur möglich zu lesen, und höchstens anderen zu erklären, was tatsächlich da steht. Ob dies dann angenommen oder abgewiesen wird, ist Freiheitssache.

Nun gehen wir einmal davon aus, dass ein Mensch sich wohlwollend zur Geisteswissenschaft verhält, dass er die Inhalte ohne Ärger in sich aufnehmen kann, dass er im Großen und Ganzen verstehen kann, was geboten wird. Wie soll ein solcher Mensch lesen?

Eigentlich sollte alles flüchtige, schnelle Lesen vermieden werden. Es ist besser, nur *einen* Abschnitt zu lesen und diesen in der richtigen Weise aufzunehmen, als ein ganzes Kapitel oder einen ganzen Vortrag flott durchzulesen. Nicht die Wissbegierde sollte den Leser führen, sondern die Sehnsucht nach Erweiterung der Erkenntnisse, sowohl dem Inhalt, wie auch der Kraft und den Fähigkeiten nach. Eigentlich ist das ganze Werk Rudolf Steiners dazu geeignet, lebendig zu werden, Leben zu fassen, wie im Frühling die Blätter am Holz wachsen. Es kann aber auch dieses Holz bleiben, aus dem nichts Neues hervorwachsen kann. Dann erstarrt es immer weiter, wird nur Material zum Zitieren und wird in dieser Weise dem Dogmatismus ausgeliefert. Kein Wort der Geisteswissenschaft sollte je Dogma werden, denn dies ist ihr so fremd wie der Tod dem Leben. Todeskeime gibt es allerdings in der Geisteswissenschaft, überall da, wo nur der Verstand aufnimmt. Zuviel Leben kann es auch geben: wenn der Verstand zu Gunsten des Gemüts zurücktritt. Der Verstand *selbst* soll lebendig werden, dann wird die ganze aufgenommene Geisteswissenschaft lebendig. Sie kann dann im Menschen weiterwachsen, auswachsen, erblühen, fruchten, keimen…

Das ist nur zu erreichen, wenn man aus der vierten Quelle lesen lernt. Dann nimmt man die Worte rein wie sie da stehen, die Zusammenhänge rein so, wie sie dargestellt sind. Versteht man, so lässt man das Verständnis tief heruntergehen, in das Gemüt, in den Willen hinein – und man erkennt unmittelbar: Du hast nur einen ganz kleinen Teil verstanden. Dein Verständnis kann auswachsen, sich vergrößern, vertiefen, erweitern.

Versteht man *nicht*, so ist der Unterschied zum Verstehen nur ein gradueller. Dann lässt man das Nicht-Verstehen tief in sich herein, und man erkennt: Es wird zur Frage, und die Antwort wird dir schon werden, wenn du nur Geduld hast.

Es ist wie ein *Atmen*: Das Lesen ist Ausatmung, die Vertiefung ein Einatmen… Es ist wie eine *Ernährung*: Das Lesen ist wie Essen, die Vertiefung wie Verdauung. So sollte man den Text *leben* lernen; wie im physischen Körper die Lebensvorgänge sich abspielen, so sollte man im Gleichnis damit die Geisteswissenschaft *so* aufnehmen, dass sich Lebensvorgänge abspielen. Das sollte der Leser der Geisteswissenschaft sich sehr intensiv vorstellen und dann immer wieder versuchen, dieser Vorstellung beim Lesen gerecht zu werden.

So müsste der Leser selbst die Zeilen *erwärmen*, sie warm

aufnehmen, statt lau oder sogar kalt. Sie können nur in der Wärme gedeihen, und die seelische Wärme ist Begeisterung. Der geistige Inhalt, der gleichsam wie Nahrung aufgenommen wird, bleibt nicht nur Inhalt. Er wird verwandelt, weil er in Wechselwirkung tritt mit demjenigen, was als Erkenntnisse bereits da ist, dieser Prozess entspricht dem körperlichen Lebensvorgang der *Absonderung,* bei dieser geistigen Aufnahme besser ausgedrückt durch das Wort *Verwandlung.* Dann aber dient der neu aufgenommene Inhalt zur weiteren *Erhaltung* des Begriffsorganismus, er *muss* hinzukommen, wenn dieser Organismus lebendig bleiben soll, sonst verkümmert er. So *wächst* der Begriffsorganismus, er bleibt nicht wie er ist, er wächst. Und das Schönste ist wohl der siebente Lebensvorgang, der beim richtigen Lesen der geisteswissenschaftlichen Zeilen auch tatsächlich wirkt: die *Hervorbringung.* Der Leser, der in solcher Weise seine Seele ernährt, bringt letztlich Neues hervor. Nicht nur Wiederholungen von dem, was er gelesen hat, wird man von ihm hören, sondern verwandelte, erweiterte Erkenntnisse, die dann ja nie von der ursprünglichen Quelle abweichen können, denn sie sind rein daraus hervorgewachsen.

Denker oder Eingeweihter?

Es gibt viele Menschen, die über Rudolf Steiner urteilen. Wenn man hier in den Niederlanden den Namen nennt, wird meistens gefragt: Ist das nicht dieser Rassist? Da die Rassismus-Frage so ungefähr das einzige Thema ist, mit der Rudolf Steiner in der Öffentlichkeit genannt wurde, gibt es einen unmittelbaren ‚Link' zum Rassismus. Auch wurde mir gesagt: Ach, das ist dieser Mann mit seinen drei Frauen! Oder: Der hat doch die Schulen gegründet, wo die Kinder Analphabeten bleiben? Rudolf Steiner ist eigentlich ein Unbekannter bei den Durchschnittsmenschen, und man hat nur solche kurz-geformten, negativen Urteile zur Verfügung – woraus sich übrigens wohl zeigt, wie die öffentliche Meinung gestaltet ist.

Wenn man mit einem unbefangenen Mit-Erleben empfindet, wie über Rudolf Steiner gedacht und erlebt wird, kommt man in allerlei Gefühlsnuancen hinein.

- Es gibt diese schnell gefällten Urteile, in denen man Rudolf Steiner als einen Volksverführer, einen merkwürdigen Religionsstifter, einen schaudererregenden Mystiker, einen Sektenleiter erlebt. ‚Anthroposophen glauben an Reinkarnation', ‚das sind alles Vegetarier', ‚die laufen in langen Kleidern und Sandalen herum' usw.
- Es gibt aber auch Menschen, die sich in ihrer Intellektualität weit über das ‚Steiner-Getue' erhaben fühlen. Sie sind die ‚wahren Wissenschaftler' und haben diese Phase, in der man an den Geist glaubt, schon

längst hinter sich gelassen. Diese Menschen sprechen ebenfalls mit Geringschätzung über Steiner, sie glauben ihm kein einziges Wort. In der üblichen wissenschaftlichen Literatur findet man (fast?) nie einen Literaturhinweis auf Rudolf Steiner. Als ich selbst mich in der akademischen Welt erkundigte, weil ich eine Dissertation über Habermas und Steiner schreiben wollte, wurde mir gesagt: ‚Wenn du den Namen ‚Rudolf Steiner' nennst, schließen sich alle Türen der akademischen Welt. Für Rudolf Steiner muss man sich schämen, er gilt als Dilettant und wird nicht ernst genommen.'

- Dann gibt es viele Menschen, die in einer spirituellen Strömung stehen, die nicht die anthroposophische ist. Zwischen 1994 und 2001 habe ich Vorträge in New-Age-Zentren und spirituellen Cafés gehalten, immer über das reine Denken als notwendige Grundlage für eine spirituelle Entwicklung – welche auch immer. Das Denken wurde und wird aber immer zugunsten des Herzens (oder sogar des Bauches) abgelehnt. Rudolf Steiner wird nicht als ein echter spiritueller Meister angesehen. Es sei alles viel zu verwickelt und schließlich ‚Kopfwerk'. Dies solle ja gerade überwunden werden. Man meint also auch hier, schon weit über Steiner hinausgekommen zu sein. Auch das Eintreten für Christus wird gesehen als ein Rückfall in die doch endlich so herrlich überwundene religiöse Tradition.
- In den religiösen Traditionen selbst darf man schon gar kein Schüler Steiners sein.
- Und die Anthroposophen? Die Nachfolger von Rudolf Steiner? – Die Gesellschaft ist geteilt. Es gibt treue Schüler, die das Vorbild Rudolf Steiners über

alles stellen. Da lauert die Gefahr der Verödung, weil man sich vom üblichen Leben verabschiedet und nicht die innerliche Verwandlung durchführt, die eine neue Lebensfähigkeit gibt. Ein Schema, ein toter Lehrer, wird intellektuelles Vorbild und tötet das Leben der Schüler. Man wähnt sich in einer Gesellschaft von gestorbenen Seelen.

- Eine zweite Art von Anthroposophen findet man in denjenigen, die von dem enormen Erkenntnisumfang angezogen worden sind, aber selbst doch nur intellektuell damit umgehen können. Für diese sind manche Inhalte wirklich ‚verrückt', hat Steiner sich hier und dort bisweilen recht ‚verstiegen'. Ein Mensch mache ja Fehler, also auch der gute Rudolf Steiner. Überdies hätten wir es inzwischen noch viel ‚herrlicher weit gebracht', unsere wissenschaftlichen Erkenntnisse und auch moralischen Haltungen würden den Status von Rudolf Steiner übertreffen, man müsse also auch die Anthroposophie nach diesen neuen Standards verbessern. Vom Christlichen in der Anthroposophie müsse man sich befreien, z.B. durch die Annahme, Steiner habe die christlichen Begriffe und Bilder nur verwendet, um seine geistigen Erkenntnisse in bekanntem Gewande mitteilen zu können. Faktisch gebe es keinen Christus, sei er nur Kleid, worin Erkenntnisse sich darbieten können. So wird es möglich, die Anthroposophie und die morgenländischen Einweihungsweisen miteinander zu assimilieren. Oder man befreit sich vom Christus in einer anderen Weise durch das Heranziehen einer ‚neuen Eingeweihten' wie Judith von Halle, die es dem Menschen nur schwieriger macht, ein reales Verständnis der Christuswesenheit zu erlangen.[5]

- Schließlich gibt es auch innerhalb der Allgemeinen Anthroposophischen Gesellschaft die Spötter, wie man sie überall findet. Eigentlich finden sie Rudolf Steiner lächerlich, aber da sie die gewöhnliche Gesellschaft ebenfalls lächerlich finden, bespotten sie diese durch ihr ‚Anthroposoph-Sein', während sie Steiner wegen seiner Geistesart und die Schüler wegen ihrer Ehrfurcht verspotten.

So kann man überall verschiedene ‚Essenzen' schmecken, man empfindet Steiner überall anders – und er kann sich nicht in seiner wahren Gestalt zeigen, die Urne mit seine Asche ruht im Dornacher Hügel. Er starb 1925. Er ist, was von anderen aus ihm gemacht worden ist, noch immer gemacht wird.

Mit den ersten drei Gruppen von Menschen kann man über Steiner und seine Anthroposophie gar nicht reden. Sie sind entweder völlig uninteressiert, oder sie sind Gegner. Sie haben kein Interesse oder allenfalls das, die wahre Gestalt Rudolf Steiners weiter zu vernichten. Für diese Menschen ist er meist nicht einmal ein Denker, geschweige denn ein Eingeweihter. Alles was man ihnen darbietet, ist wie Perlen vor die Säue oder wird wie von Raubtieren zerrissen. Es ist einfach, so etwas mit einem schon längst nicht mehr lebenden Menschen zu machen: er kann nichts einwenden.

Und die Gesellschaft, die ihn vertreten sollte? Die stellvertretend Einwände machen könnte? Sie geht völlig fehl, wenn sie meint, ein öffentlicher Diskurs sei überhaupt möglich. Man hat die Worte ‚Öffentlichkeit', ‚Offenheit', ‚Weltoffenheit' usw. locker im Munde, kennt offenbar die

Gesetze der Meinungsbildung nicht, weiß nicht, wie Worte wie ‚Diskriminierung' zu nicht durchschauten *Wahlsprüchen* werden, die als Anti-Reklame tief in die Gemüter und noch tiefer in die Leiber der Nicht-Anthroposophen hineingehen.

Wenn Rudolf Steiner nur ein *Denker* gewesen wäre, könnten seine Gedanken mit dem intellektuellen Denken kritisiert werden.

War er jedoch ein *Eingeweihter*, so bedürfte es eines ‚überintellektuellen' Denkens, eines reinen Denkens, durch welches man alle Aussagen Steiners erst differenziert prüfen könnte. Man braucht zwar nicht selbst ein Eingeweihter zu sein, um Rudolf Steiner kritisieren zu können. Das übliche intellektuelle Denken aber ist zu *dumm*, zu ‚kurz', zu sehr an Worte gebunden, um sich mit dem Denken des Eingeweihten messen zu können.

Wenn man das Steinersche Denken der öffentlichen Kritik übergeben will, sollte man wenigstens *selbst* die intellektuelle Dummheit überwunden haben.

Rudolf Steiner als Denker

Mit diesem Buch wende ich mich an alle, die ein aufrichtiges Interesse für eine besondere Persönlichkeit aufbringen können, für einen Mann, der ein ungewöhnliches Leben geführt hat. Das sollte für jeden, der an hervorragenden Menschen interessiert ist – was auch immer sie geleistet haben –, lesenswert sein, ob er nun mit Anthroposophie leben will oder nicht. Wir müssen dazu einmal ganz vergessen, was sich in uns bereits als Empfindung und Urteil gebildet hat. Wie einem völlig unbekannten Mann sollten wir uns ihm nähern und einmal ganz neu erleben, was sichtbar wird. Auch der Anthroposoph, der ‚alles bereits weiß', könnte so einmal miterleben, *wer* eigentlich erscheint, wenn man Rudolf Steiner neu begegnet.

Rudolf Steiner studierte Physik und Mathematik an der technischen Universität in Wien. Daneben besuchte er Vorlesungen über Literatur und war schon als ganz junger Bursche gut bewandert in der Philosophie von u.a. Kant und Fichte. Durch seine Bekanntschaft mit seinem Hochschullehrer für deutsche Literatur, Professor Schröer, vertiefte er sich in das Werk von Goethe, auch in seine naturwissenschaftlichen Schriften. So entstand in dem jungen Denker Rudolf Steiner eine Erkenntnis der Goetheschen Geistesart. Er erkannte, *wie* Goethe seine Naturwissenschaft, seine Metamorphosen-Lehre der Pflanzen, seine Farbenlehre gestaltete. Also nicht nur *was* Goethe erkannte, sondern vor allem *wie* er zu seinen Erkenntnissen kam, wurde dem jungen Denker klar durchschaubar. Daraus formt er die erste Gestalt seiner Erkenntnistheorie: ‚Eine

Erkenntnistheorie der Goetheschen Weltanschauung'[6].

In diesem Buch finden wir eine wunderbar genialische Auseinandersetzung mit den verschiedenen Stufen der Erkenntnis: Für das physische Dasein genügt das übliche naturwissenschaftliche Erkennen. Sobald aber *das Leben* hinzutritt (das Pflanzen-Dasein), muss das Erkennen entsprechend umgeformt werden, und so weiter für das tierische Dasein und das menschliche Dasein. Hier findet man schon den Ansatz zur Geisteswissenschaft, denn es wird überaus klar, dass man für höhere Daseinsarten auch höhere Erkenntnisarten braucht. Man kann in diesem Buch bereits empfinden, wie das naturwissenschaftliche Erkennen ohnmächtig wird, sobald es das *Leben* erfassen will.

Aus dieser Erkenntnistheorie wächst dann die Dissertation hervor, die Rudolf Steiner zum Doktor der Philosophie macht: ‚Wahrheit und Wissenschaft'[7]. An Hand der Erkenntnistheorien von Kant und Fichte gestaltet er seine eigene originelle Theorie der Erkenntnis, die nicht im Erkennen stehenbleibt, sondern eine Aussicht eröffnet auf die moralische Freiheit: der ethische Individualismus.

In ‚Wahrheit und Wissenschaft' lenkt er zum ersten Mal den Denkerblick vollbewusst und gewollt auf das Erkennen selbst und lässt uns an seiner Erfahrung teilhaben, dass das Schaffen der Kategorie des Erkennens eine tatsächliche Wiedergeburt im Geiste ist.

Obwohl man hier den Übergang von Rudolf Steiner als Denker zu Rudolf Steiner als Eingeweihtem schon findet, spielt das Ganze völlig im Denken und ist es für jeden wohldenkenden und wohlwollenden Menschen mitzudenken und mitzuerleben.

Es ist wichtig, an diesem Punkt des Übergangs: Rudolf Steiner als Denker zu Rudolf Steiner als Eingeweihtem, meditativ inne zu halten. Wenn wir sein lebendiges Wesen, wie es mit der lebendigen Anthroposophie zusammenhängt, verstehen wollen, muss gerade dieser Punkt klar durchschaut und meditativ festgehalten werden.

Zuvor hatte Rudolf Steiner bereits gedanklich philosophiert, er hatte die Grundlinien der Goetheschen Erkenntnistheorie erfasst, wahrend Goethe selbst ‚nie über das Denken nachgedacht' hat, dies auch nicht erstrebte. Rudolf Steiner erfasst sie aber, und man kann dies ein tatsächliches ‚Denken über das Denken' nennen. Zwar hatte Rudolf Steiner nicht seine eigene, sondern die Goethesche Geistesart vor seinem Denker-Auge, dennoch war es voll und ganz ein ‚Denken über das Denken'. Ob Steiner damals schon ein Eingeweihter war (vor 1892), lasse ich außer Acht. Sicher ist, dass er damals die geistige Realität schaute. Ich möchte aber keine äußeren Fakten benutzen, sondern nur auf das Werk Rudolf Steiners schauen, aus dem seine geistige Gestalt doch am klarsten zu erfassen sein sollte – wenn man es in der richtigen Weise lesen kann. Er schrieb in diesen Jahren nicht als ein Eingeweihter, sondern als ein Denker. Er hat die Art und Weise, wie Goethe zu seinen Erkenntnissen kam, durchdacht und erlebt und so gefunden, wie dieser Geist vorging, wie er unterschiedlich arbeitete, wenn er sich mit physischen Erscheinungen auseinandersetzte und wenn er sich mit dem Pflanzenreich usw. befasste.

In ‚Wahrheit und Wissenschaft', seiner philosophischen Dissertation, konzentriert sich Rudolf Steiner auf die Erkenntnistheorie im Allgemeinen. In Fichte findet er einen Mann, der das menschliche Erkennen und das menschliche Ich beinahe vollständig durchschaut, der aber die letzte Konsequenz doch nicht zieht. Diese letzte Konsequenz ist, dass das menschliche Ich sich verwirklicht, indem es das Erkennen setzt. Das menschliche Ich vermag es, aus sich heraus das Erkennen zu begreifen, während es dieses Erkennen selbst erübt, ja sogar *weil* es dieses selbst zustande bringt. Das Ich kann das Erkennen kennen, weil es dies selbst ist. Es ist also tatsächliche Selbsterkenntnis, die hier geweckt wird. Aber zugleich ist die Philosophie hiermit überflüssig geworden, sie hat sich selbst verbrannt und ersteht in einer neuen Gestalt: die auferstandene Philosophie ist Anthroposophie, denn sie ist menschliche Selbsterkenntnis im ursprünglichen Gebiet der Weisheit, jetzt ist sie in ihrem vollen Umfang errungen.

Rudolf Steiner verwendet das Wort Anthroposophie in ‚Wahrheit und Wissenschaft' nicht. Man kann es aber begrifflich schon lesen, wenn er diese Anthroposophie aus dem folgenden Satz hervorleuchten lässt[8]:

‚Der Umstand, dass das Ich durch Freiheit sich in Tätigkeit versetzen kann, macht es ihm möglich, aus sich heraus durch Selbstbestimmung die Kategorie des Erkennens zu realisieren, während in der übrigen Welt die Kategorien sich durch objektive Notwendigkeit mit dem ihnen korrespondierenden Gegebenen verknüpft erweisen.'

Das Ich wird hier erst wirklich geboren. Zuvor war es die Seele (Verstandesseele), die die Gedanken formte. Sie formt sie aus einem ‚Denk-Instinkt' heraus, ohne Bewusstsein davon, was sie eigentlich genau tut. Erst wenn sich aus der Seele etwas herauslöst, etwas aufrafft, das sich die Fragen nach der Erkenntnisweise stellt, steht das eigentliche Ich aus der Seele auf.

‚Begriff und gegebene Wirklichkeit des Bewusstseins aber sind

ursprünglich getrennt, die Verbindung ist das Abgeleitete, und deswegen ist das Erkennen so beschaffen, wie wir es geschildert haben. Weil im Bewusstsein notwendig Idee und Gegebenes getrennt auftreten, deswegen spaltet sich für dasselbe die gesamte Wirklichkeit in diese zwei Teile, und weil das Bewusstsein nur durch eigene Tätigkeit die Verbindung der beiden genannten Elemente bewirken kann, deshalb gelangt es nur durch Verwirklichung des Erkenntnisaktes zur vollen Wirklichkeit. Die übrigen Kategorien (Ideen) wären auch dann notwendig mit den entsprechenden Formen des Gegebenen verknüpft, wenn sie nicht in die Erkenntnis aufgenommen würden; die Idee des Erkennens kann mit dem ihr entsprechenden Gegebenen nur durch die Tätigkeit des Bewusstseins vereinigt werden.
Ein wirkliches Bewusstsein existiert nur, wenn es sich selbst verwirklicht.[9]

Die erste Erkenntnis dieses Ich ist die Erkenntnis seiner selbst als denkendes, erkennendes Wesen, und diese Erkenntnis seiner selbst als denkendes, erkennendes Wesen ist originell, kann nicht übertragen werden, sondern muss vom Ich selbstständig ‚gesetzt' werden. Damit aber wird die Seele befruchtet mit dem Geist. Die Kategorie des Erkennens wird dem Objekt (dem Erkennen) hinzugefügt.

Dieser Schritt, der nicht groß und gewaltig genug gesehen und erlebt werden kann, scheint also bereits in ‚Wahrheit und Wissenschaft' strahlend durch die Sätze hindurch.

Hier hat man es keineswegs mehr nur mit ‚Denken' zu tun, mit Ansichten, Meinungen, Urteilen oder was auch immer. Es handelt sich hier um einen tatsächlichen *Schritt* in der Bewusstseinsentwicklung, um ein Verwirklichen des eigenen geistigen Seins. Dieses Sein *ist* dann in der Folge auch wirklich *da*, der Mensch ist ein neuer, auferstandener geworden.

Kein anderer Mensch in der Weltgeschichte hat diese Bewusstseins-Tat je denkend formuliert, als nur der einzigartige Rudolf Steiner. Das sollte derjenige, der das Vorangehende voll verstanden hat, durch und durch *erleben*. In diesem Erleben findet man eine erste Begegnung mit dem lebendigen Rudolf Steiner.

Kann man sich dafür nicht glühend begeistern? Liest man darüber hinweg? Wenn der Mensch noch nicht selbst fähig ist, diesen Bewusstseinsschritt zu realisieren, so kann er sich doch wenigstens *vorstellen*, was eine solche Realisierung bedeuten würde? Im nachfolgenden Leben Rudolf Steiners sieht man diese Bedeutung sich entfalten. Der ‚gewöhnliche' Mensch aber, der Leser, der Schüler ... er kann sich diesen Schritt doch vorstellen? Ihn in seinen eigenen lebendigen Denkprozess zum Keimen legen und in der Vorstellung bereits die unerschütterliche Wahrheit erleben? Dann mit all seinem Willen diesem nachfolgen wollen, weil ihm klar ist, dass jeder Mensch dies vermag, weil es an der Zeit ist? Weil frühere Zeiten mit ihren geistig führenden Persönlichkeiten diese Fähigkeit in uns veranlagt haben?

Der Intellekt widersetzt sich dem jedoch, er will nur passiv erkennen, eventuell erkannt werden, er will sich absolut nicht zur Tat aufraffen. Meditatives Durchleben jener Formel aus ‚Wahrheit und Wissenschaft' kann diese Seelenkrankheit heilen, ja heilt sie bereits.

Dann, obwohl die Philosophie bereits untergegangen war zugunsten der Anthroposophie, folgt das philosophische Hauptwerk von Rudolf Steiner, ‚Die Philosophie der Freiheit'[10].

Was als Thema in ‚Wahrheit und Wissenschaft' angeschlagen wurde, wird in der ‚Philosophie der Freiheit' zu einer ganzen Komposition in zwei Teilen: Die Wissenschaft der Freiheit und die Wirklichkeit der Freiheit.

Im ersten Teil wird auf dem Fundament, dass ‚das Ich in Freiheit sich in Tätigkeit versetzen kann, um die Kategorie des Erkennens zu realisieren', anhand einer Erkenntnis des Denkens (was auch zu erwarten war) Schritt für Schritt der Begriff der Freiheit entwickelt. *Hat* man dann schließlich das Ich in Freiheit in Tätigkeit versetzt, *ist* es aus der Seele auferweckt, steht es frei außerhalb der Seele, die noch an das Leibesdasein gebunden ist, *dann* entsteht die Wirklichkeit der Freiheit. Im freien Ich glüht die Moralität, sie kommt in der Gestalt der moralischen Idee in das Bewusstsein. Sie kann sich aber verwirklichen, sie kann sichtbar werden in den freien moralischen Taten, die der Mensch auf Grund seines erweckten Ich aus Freiheit verrichtet. Was zuerst noch eine Verwirklichung in einem selbst war, indem das Ich durch die eigene Aktivität geboren wurde, wächst nun in die Welt hinein, wo die Freiheit ‚sichtbar' wird, Realität wird. Die Freiheit verwirklicht sich, es geschehen Taten, die außerhalb der Naturordnung liegen, aber ebenso außerhalb des Karma. In diesem Sinne sind es wahrhaftig *Wunder*, denn sie können eigentlich nicht geschehen und geschehen trotzdem. Mit ihnen war *nicht* gerechnet, es entsteht eine neue Welt.

Es tritt aber eine Begleiterscheinung auf. Der Mensch, der in der oben beschriebenen Weise versucht, die Freiheit zu verstehen (Wissenschaft der Freiheit) und zu verwirklichen (Wirklichkeit der Freiheit), muss innerlich aktiv werden. Das Verstehen gelingt nicht in passiver Haltung. Man könnte den Inhalt vielleicht nachsagen, sogar analysieren und kombinieren, ein *Verstehen* ist das nicht. Verständnis entsteht erst, wenn das Ich sich in Freiheit in Tätigkeit versetzt, um die Erkenntnis der Erkenntnis auch tatsächlich zu verwirklichen.

Hier muss das Lesen durch etwas anderes ersetzt werden. Hier kann es nicht nur ein Lesen bleiben, wie lebendig auch immer. Es muss nun ein echtes Nachahmen werden. Die denkende Seele kann nachahmen, was sie als Prozesse beschrieben findet. Es ist etwas, das *nach* dem Lesen hinzukommen kann. Zuerst hat man intensiv gelesen und die Erkenntnisse in sein Denken aufgenommen. Dann aber versucht man, auch wirklich nachzuprüfen, was da steht. Kann man sein Denken anschauen? Oder entschlüpft es einem immer wieder? *Tun* kann man solches in sich.

Dazu muss man eine Herkules-Arbeit verrichten, die der unmöglichen Aufgabe gleicht, sein eigenes Antlitz ohne Spiegel zu schauen. Im Inneren ist es aber möglich. Gibt es einen festeren Boden für das Vertrauen in die Erkenntnisse Rudolf Steiners, als die eigene sichere Realisierung des Ich? Wenn es *wirkt*, muss es wohl wahr sein... Dann kann die ganze Welt sich dagegen wenden und rufen, es sei alles Unsinn – man weiß es besser und schweigt oder ruft selbst letztendlich diese Wahrheit laut hinaus, wenn es auch ein Ruf in der Einsamkeit wäre...

Diese entwickelte innerliche Ich-Tätigkeit nun, die ein jeder an Hand dieser Herkules-Arbeit entwickeln kann, fängt an, eine selbstständige ‚Begleiterscheinung' zu sein, sie wird nicht mehr nur inhaltlich wahrnehmbar, sondern beginnt, in einem zu wirken, zu leben. Man fängt an, das Erkennen zu empfinden als eine Kraft, eine Bewegung, eine sich bewegende Energie, eine Stärke, die sich mit Licht und Liebe erfüllen kann. Man fühlt sich im ‚Ich', aber dieses ist dreigegliedert in Stärke, Licht, Liebe. Je mehr man es dazu bringt, sich außerhalb der alltäglichen Erkenntnisweise zu erleben – als Zuschauer, der teilnimmt, in einer Position, die man im gewöhnlichen Denken nie einnimmt, in einem Ausnahmezustand also –, desto kräftiger erfüllt sich die Stärke mit Licht und Liebe.

Dies ist ‚Begleiterscheinung' der ernsten Arbeit mit Rudolf Steiners ‚Philosophie der Freiheit', die uns Rudolf Steiner noch immer als *Denker* zeigt, die aber bereits die Tatsache der Potenz zur Einweihung in sich trägt.

Für Rudolf Steiner selbst gilt der Unterschied zwischen Denker und Eingeweihtem in anderer Weise. Für uns tritt er erst nach der Jahrhundertwende als Eingeweihter hervor. Wenn man ihm nachfolgen will, findet man in der Aufeinanderfolge seiner Schriften einen sicheren Weg in die geistige Welt hinein. Aber der Mensch Rudolf Steiner stand auch in seinen jungen Jahren voll in der geistigen Welt. Das sagt er selbst in der Vortragsreihe über die notwendige Selbstbesinnung der Anthroposophen, ‚Die Geschichte und die Bedingungen der anthroposophischen Bewegung im Verhältnis zur Anthroposophischen Gesellschaft'[11]:

> *‚Ich darf vielleicht sagen: Bei diesen Lebensbeobachtungen, die ich Ihnen ja als eine Einleitung zur Geschichte der anthroposophischen Bewegung zu erzählen habe, muss ich eben erwähnen, dass für mich in der Zeit*, als ich solche Lebensbeobachtungen zu machen vom Schicksale gedrängt war, niemals irgendwie der Zusammenhang mit der geistigen Welt, das Drinnenstehen in der geistigen Welt irgendwie abgerissen war. Es war immer da. Ich muss das erwähnen, weil das den Hintergrund dieser Betrachtungen bilden muss: die geistige Welt eine Selbstverständlichkeit, und die Menschen auf Erden eben betrachtet als*

* Ende der achtziger Jahre des 19. Jahrhunderts

die Abbilder desjenigen, was sie eigentlich als geistige Wesenheiten innerhalb der geistigen Welt sind. Diese Gemütsverfassung möchte ich eben charakterisieren, damit Sie dieses als geistigen Hintergrund immer voraussetzen.
Natürlich war dieses Beobachten nicht ein Beobachten wie mit einer kalten Hundeschnauze, sondern mit herzlich warmem Anteil, und ohne dass man ein Beobachter sein will, indem man eben mit drinnen ist – in aller Freundlichkeit und Liebenswürdigkeit und Höflichkeit selbstverständlich.'

Rudolf Steiner zwischen Denker und Eingeweihtem

Neben den erwähnten Büchern gibt es noch eine Menge anderer Literatur in Form von Aufsätzen u.a. aus der Zeit vor der Jahrhundertwende. Da das Wahrzeichen Rudolf Steiners äußerlich die Fähigkeit zum begeisterten Mitdenken und Mitfühlen war und er außerdem sehr begabt war, überall das Positive zu beachten, kann man ihn in seinen Aufsätzen in vielerlei Gestalt erleben. So hat man ihn z.B. für einen Nietzscheanhänger, Bekenner der Evolutionstheorie von Haeckel, einen Anarchisten, Kämpfer gegen das Christentum usw. gehalten. Er konnte jede beliebige Form annehmen, und es ist für Menschen oft schwierig, dann den durchlaufenden Faden zu fassen. Wenn man sich aber an seine Erkenntnistheorie hält, entwickelt man *selbst* die Fähigkeit, mit allen seinen Gedanken mitzudenken, und dann kann man wirklich den Faden sehr klar sehen und auch fassen. Dann wird jede Äußerung Teil dieser vielseitigen Persönlichkeit und lässt einen Menschen erkennen, der die ganze damalige ‚Welt-Art' aufnahm und wiedergab.

Man braucht gar nicht alles blind anzunehmen, was er da sagte und schrieb, man kann es ruhig in *seiner* Verantwortlichkeit belassen. Nur Dogmatiker müssen sich für ihre Dogmen verantworten. Ein freier Mensch braucht sich nicht für Äußerungen eines anderen freien Menschen zu entschuldigen. Er weiß, dass der freie Mensch seine Aussagen tiefer und besser überlegt als der unfreie, und weiß also auch, dass diese freien Aussagen von freien Menschen sehr wohl zu verstehen sind. Nur darf man sich nicht der Unfreiheit der öffentlichen Meinung hingeben. Da herrschen nun einmal Urteils-Prinzipen, die nicht intelligent und geistreich genug sind, um freie Aussagen gestalten oder würdigen zu können. Wenn also eine heutige Anthroposophische Gesellschaft sich für einst getane Aussagen Rudolf Steiners entschuldigen möchte, erweist sie sich damit als eine dogmatisch-sektiererische Gesellschaft. Oder sie hat *selbst* das Bestreben, sich nun endlich von diesem Meister des Abendlandes befreien zu können, während sie diesen Meister auf ihr eigenes geistloses Niveau herunterholt.

Mit dem hier vorliegenden Buch versuche ich, die Geistgestalt Rudolf Steiners zu schildern. Sie erscheint in dem Vorsprung seiner Meisterschaft.

Mir wird vorgeworfen werden, ich sei eine Verehrerin von Rudolf Steiner. Ich bin aber hierin ein freier Mensch, der in dieser Freiheit die Größe dieses Mannes erkannt hat, aus den *Wirkungen* seiner Arbeit. Ich habe es nicht nötig, mich für ihn zu entschuldigen, mich für meine Begeisterung zu schämen oder sein Wissen als Dogma aufzunehmen. Sein Wissen beweist sich selbst, indem es in uns lebendig werden kann.

Selbst beschreibt Rudolf Steiner den eigentlichen Umschwung vom Denker zum Eingeweihten in ‚Mein Lebensgang' im Kapitel XX.

In diesem Kapitel – das für jeden, der den lebendigen Rudolf Steiner sucht, eine Erkenntnisquelle sein sollte – beschreibt er die Umwandlung von einem Ideen-Erleben in ein tatsächliches Erleben des Geistes:[12]

‚Ich fühlte, wie das Ideelle des vorangehenden Lebens nach einer gewissen Richtung zurücktrat und das Willensmäßige an dessen

Stelle kam. Damit das möglich ist, muss sich das Wollen bei der Erkenntnis-Entfaltung aller subjektiven Willkür enthalten können. Der Wille nahm in dem Maße zu, als das Ideelle abnahm. Und der Wille übernahm auch das geistige Erkennen, das vorher fast ganz von dem Ideellen geleistet worden ist. Ich hatte ja schon erkannt, dass die Gliederung des Seelenlebens in Denken, Fühlen und Wollen nur eingeschränkte Bedeutung hat. In Wahrheit ist im Denken ein Fühlen und Wollen mit enthalten; nur ist über die letzteren das Denken vorherrschend. Im Fühlen lebt Denken und Wollen, im Wollen Denken und Fühlen ebenso. Nun wurde mir Erlebnis, wie das Wollen mehr vom Denken, das Denken mehr vom Wollen aufnahm.
Führt auf der einen Seite das Meditieren zu der Erkenntnis des Geistigen, so ist andererseits die Folge solcher Ergebnisse der Selbstbeobachtung die innere Verstärkung des geistigen, vom Organismus unabhängigen Menschen und die Befestigung seines Wesens in der Geisteswelt, so wie der physische Mensch seine Befestigung in der physischen Welt hat. – Nur wird man gewahr, wie die Befestigung des geistigen Menschen in der Geisteswelt sich ins Unermessliche steigert, wenn der physische Organismus diese Befestigung nicht beschränkt, während die Befestigung des physischen Organismus in der physischen Welt – mit dem Tode – dem Zerfalle weicht, wenn der geistige Mensch diese Befestigung nicht mehr von sich aus unterhält.'

Dann beschreibt er, wie er in derselben Zeit seines Lebens einige Jahre später (um die Jahrhundertwende) sein Christus-Erleben gehabt hat. Der Umschwung von Ideen-Erleben in Geist-Erleben liegt um sein 36. Lebensjahr, also rund 1897. Einige Jahre später findet er den Christus, ihn schauend im Mysterium von Golgatha, als ‚mystische Tatsache':[13]

‚In der Zeit, in der ich die dem Wort-Inhalt nach Späterem so widersprechenden Aussprüche über das Christentum tat, war es auch, dass dessen wahrer Inhalt in mir begann keimhaft vor meiner Seele als innere Erkenntnis-Erscheinung sich zu entfalten. Um die Wende des Jahrhunderts wurde der Keim immer mehr entfaltet. Vor dieser Jahrhundertwende stand die geschilderte Prüfung der Seele. Auf das geistige Gestanden-Haben vor dem Mysterium von Golgatha in innerster ernstester Erkenntnis-Feier kam es bei meiner Seelen-Entwickelung an.'

In dieser Zeit also liegt die Vollendung des Überganges vom Denker zum Eingeweihten. Das zeigt sich dann auch in der Art der zwei folgenden Bücher, die er veröffentlicht: ‚Die Mystik im Aufgange des neuzeitlichen Geisteslebens'[14] und ‚Das Christentum als mystische Tatsache'[15].

Vor allem die Einführung in ‚Die Mystik im Aufgange des neuzeitlichen Geisteslebens' ist ein Wunder an sich. Durch die Philosophie der Freiheit ist das Ich, durch das Herstellen des Ausnahmezustandes und sein eigenes Tätig-Sein, als spürbare Stärke geboren. Es findet sich noch alles im denkenden Denken, im angeschauten Denken. In der Einführung dieses nächsten Buches nun wird klar, dass der Ausnahmezustand einem *neuen Sinn* entspricht, der alles dasjenige, was bereits in der Seele anwesend war, in einer herrlichen neuen Gestalt auferstehen lässt. Sehr ausführlich beschreibt Rudolf Steiner, wie alles Erhabene mit diesem Sinn geschaut wurde, und mit Fichte sagt er, *‚neu ist, dass dieser Sinn sich selbst sehen kann*'. Das entspricht der bereits in ‚Wahrheit und Wissenschaft' geschriebenen Formel, jetzt aber im Sinne der modernen Einweihung. Wer diesen neuen Sinn in sich erweckt, erlebt die innerliche Auferstehung, durch welche alles in einem völlig neuen

Licht angeschaut werden kann. Hier findet man klar ausgesprochen, wie die Philosophie sich in Anthroposophie verwandelt, nun nicht mehr nur im Gebiet der Freiheit, sondern als Tatsache der Einweihung.

Auch diese Seiten sollte derjenige, der für die moderne Einweihung begeistert wurde, meditierend erleben, erlebend meditieren und ihnen nachzufolgen versuchen. Erst dann bekommt man eine Ahnung von dem lebendigen Rudolf Steiner.[16]

‚Einen neuen Sinn sahen sie in der Selbsterkenntnis erschlossen. Und dieser Sinn liefert, nach ihrer Empfindung, Anschauungen, die für denjenigen nicht vorhanden sind, der in der Selbsterkenntnis nicht sieht, was sie von allen anderen Arten des Erkennens unterscheidet. Wem dieser Sinn sich nicht geöffnet hat, der glaubt, Selbsterkenntnis komme ähnlich zustande wie Erkenntnis durch äußere Sinne, oder durch irgend welche andere von außen her wirkende Mittel. Er meint: ‚Erkenntnis sei Erkenntnis.' Das eine Mal nur sei ihr Gegenstand etwas, was draußen in der Welt liegt, das andere Mal sei dieser Gegenstand die eigene Seele. Er hört nur Worte, im besten Falle abstrakte Gedanken bei dem, was für tiefer Blickende die Grundlage ihres Innenlebens ist; nämlich bei dem Satze, dass wir bei aller anderen Art von Erkenntnis den Gegenstand außer uns haben, bei der Selbsterkenntnis innerhalb dieses Gegenstandes stehen, dass wir jeden anderen Gegenstand als fertigen, abgeschlossenen an uns herantreten sehen, in unserem Selbst jedoch als Tätige, Schaffende das selbst weben, was wir in uns beobachten. Dies kann als eine bloße Worterklärung, vielleicht als Trivialität erscheinen; es kann aber auch, recht verstanden, als höheres Licht erscheinen, das jede andere Erkenntnis neu beleuchtet. Wem es in der ersten Weise erscheint, der ist in einer Lage wie ein Blin-

der, dem man sagt: dort ist ein glänzender Gegenstand. Er hört die Worte, der Glanz ist für ihn nicht da. Man kann die Summe des Wissens einer Zeit in sich vereinigen; empfindet man nicht die Tragweite der Selbsterkenntnis, dann ist alles Wissen im höheren Sinne ein blindes.

Die von uns unabhängige Welt lebt für uns dadurch, dass sie sich unserem Geiste mitteilt. Was uns da mitgeteilt wird, muss in der uns eigentümlichen Sprache gefasst sein. Ein Buch, dessen Inhalt in einer uns fremden Sprache dargeboten würde, wäre für uns bedeutungslos. Ebenso wäre die Welt für uns bedeutungslos, wenn sie nicht in unserer Sprache zu uns spräche. Dieselbe Sprache, die von den Dingen zu uns dringt, vernehmen wir aus uns selbst. Dann sind wir es aber auch, die sprechen. Es handelt sich bloß darum, dass wir die Verwandlung richtig belauschen, die eintritt, wenn wir unsere Wahrnehmung den äußeren Dingen verschließen und nur auf das hören, was dann noch aus uns selbst tönt. Dazu gehört eben der neue Sinn. Wird er nicht erweckt, so glauben wir in den Mitteilungen über uns selbst auch nur solche über ein uns äußeres Ding zu vernehmen; wir meinen, irgendwo sei etwas verborgen, was zu uns in derselben Weise spricht, wie die äußeren Dinge sprechen. Haben wir den neuen Sinn, dann wissen wir, dass seine Wahrnehmungen sich wesentlich von denen unterscheiden, die sich auf äußere Dinge beziehen. Dann wissen wir, dass dieser Sinn das nicht außer sich lässt, was er wahrnimmt, wie das Auge den gesehenen Gegenstand außer sich lässt; sondern, dass er seinen Gegenstand restlos in sich aufzunehmen vermag. Sehe ich ein Ding, so bleibt das Ding außer mir; nehme ich mich wahr, so ziehe ich selbst in meine Wahrnehmung ein. Wer außer dem Wahrgenommenen noch etwas von seinem Selbst sucht, der zeigt, dass ihm in der Wahrnehmung der eigentliche Inhalt nicht aufleuchtet.'

Einweihung in Christus

Es gibt keine Darstellung von Rudolf Steiner über seine Einweihung in Christus. Es gibt mündliche Mitteilungen, zweimal einen geschriebenen Abschnitt, und es gibt das ganze Werk Rudolf Steiners, aus dem deutlich hervorgeht, dass er ein christlicher Eingeweihter war. Er hat kein Buch verfasst, in dem er beschrieben hat, welche Schritte er genau vollzogen hat, und wie die Durchchristung zustande kam. Man muss dies alles durch die Zeilen hindurch lesen und empfinden – und man kann es erleben in der Überfülle an Büchern und Taten. Diese weisen auf eine übermenschliche Kraft, eine Kraft, die der Mensch aus seiner eigenen Natur allein nicht haben kann.

In ‚Mein Lebensgang' gibt Rudolf Steiner seine Gedanken-Entwicklung – die Fragen, mit denen er gerungen hat, die Antworten, die er fand – wieder. Das Buch gibt jedoch keine regelrechten Auskünfte darüber, was er wann genau erreichte, wie weit seine Entwicklung in einer bestimmten Zeit tatsächlich war. Zwei Momente aber gibt es, wo dies doch sehr klar erscheint. In einem Brief, den er als junger Erwachsener (1881) schrieb, erzählt er unumwunden, dass er in einer Nacht das allumfassende Ich-Erleben hatte.[17]

> *‚Es war die Nacht vom 10. auf den 11. Januar, in der ich keinen Augenblick schlief. Ich hatte mich bis halb ein Uhr Mitternacht mit einzelnen philosophischen Problemen beschäftigt, und da warf ich mich endlich auf mein Lager; mein Bestreben war voriges Jahr, zu erforschen, ob es denn wahr wäre, was Schelling*

sagt: ‚Uns allen wohnt ein geheimes, wunderbares Vermögen bei, uns aus dem Wechsel der Zeit in unser innerstes, von allem, was von außen hinzukam, entkleidetes Selbst zurückzuziehen, und da unter der Form der Unwandelbarkeit das Ewige in uns anzuschauen.' Ich glaubte und glaube nun noch, jenes innerste Vermögen ganz klar an mir entdeckt zu haben – geahnt habe ich es ja schon längst –; die ganze idealistische Philosophie steht nun in einer wesentlich modifizierten Gestalt vor mir; was ist eine schlaflose Nacht gegen einen solchen Fund!'

Die zweite Stelle ist der unten zitierte Abschnitt in ‚Mein Lebensgang', wo Rudolf Steiner von seinem ‚Gestanden-Haben vor dem Mysterium von Golgatha' zeugt. Er war damals am Ende seiner dreißiger Jahre.

In dem Brief, in dem er über seine Ich-Erfahrung schreibt, ist wahrscheinlich seine erste echte Christus-Erfahrung beschrieben, obwohl er sie damals offensichtlich noch nicht als solche erkannte. Selbst sagt er über seine Lebenszeit vor der Jahrhundertwende, dass er viel Kritik gegenüber dem Christentum geäußert hat.[18]

‚In Widerspruch mit den Darstellungen, die ich später vom Christentum gegeben habe, scheinen einzelne Behauptungen zu stehen, die ich damals niedergeschrieben und in Vorträgen ausgesprochen habe. Dabei kommt das Folgende in Betracht. Ich hatte, wenn ich in dieser Zeit das Wort ‚Christentum' schrieb, die Jenseitslehre im Sinne, die in den christlichen Bekenntnissen wirkte. Aller Inhalt des religiösen Erlebens verwies auf eine Geistwelt, die für den Menschen in der Entfaltung seiner Geisteskräfte nicht zu erreichen sein soll. Was Religion zu sagen habe, was sie als sittliche Gebote zu geben habe, stammt aus Offenbarungen, die von außen zum Menschen kommen. Dagegen

wendete sich meine Geistanschauung, die die Geistwelt genau wie die sinnenfällige im Wahrnehmbaren am Menschen und in der Natur erleben wollte. Dagegen wendete sich auch mein ethischer Individualismus, der das sittliche Leben nicht von außen durch Gebote gehalten, sondern aus der Entfaltung des seelisch-geistigen Menschenwesens, in dem das Göttliche lebt, hervorgehen lassen wollte.'

....

‚Ich sah in dem Denken, das aus der Naturerkenntnis folgen kann – aber damals nicht folgte – die Grundlage, auf der die Menschen die Einsicht in die Geistwelt erlangen konnten. Ich betonte deshalb scharf die Erkenntnis der Naturgrundlage, die zur Geist-Erkenntnis führen muss. Für denjenigen, der nicht wie ich erlebend in der Geistwelt steht, bedeutet ein solches Sich-Versenken in eine Denkrichtung eine bloße Gedankenbetätigung. Für den, der die Geist-Welt erlebt, bedeutet sie etwas wesentlich anderes. Er wird in die Nähe von Wesen in der Geist-Welt gebracht, die eine solche Denkrichtung zur allein herrschenden machen wollen. Da ist Einseitigkeit in der Erkenntnis nicht bloß der Anlass zu abstrakter Verirrung; da ist geistlebendiger Verkehr mit Wesen, was in der Menschenwelt Irrtum ist. Von ahrimanischen Wesenheiten habe ich später gesprochen, wenn ich in diese Richtung weisen wollte. Für sie ist absolute Wahrheit, dass die Welt Maschine sein müsse. Sie leben in einer Welt, die an die sinnenfällige unmittelbar angrenzt.

Mit meinen eigenen Ideen bin ich keinen Augenblick dieser Welt verfallen. Auch nicht im Unbewussten. Denn ich wachte sorgfältig darüber, dass sich all mein Erkennen im besonnenen Bewusstsein vollzog. Um so bewusster war auch mein innerer Kampf gegen die dämonischen Mächte, die nicht aus der Naturerkenntnis Geist-Anschauung, sondern mechanistisch-materialistische Denkart werden lassen wollten. Der nach geistiger Erkenntnis Suchende muss diese Welt erleben; bei ihm genügt nicht ein bloßes theoretisches Denken darüber. Ich musste mir damals meine Geistanschauung in inneren Stürmen retten. Diese Stürme standen hinter meinem äußeren Erleben. Ich konnte in dieser Prüfungszeit nur weiter kommen, wenn ich mit meiner Geist-Anschauung die Entwicklung des Christentums mir vor die Seele rückte. Das hat zu der Erkenntnis geführt, die in dem Buche ‚Das Christentum als mystische Tatsache' zum Ausdrucke kam. Vorher deutete ich immer auf einen christlichen Inhalt, der in den vorhandenen Bekenntnissen lebte. Das tat ja auch Nietzsche.

An einer früheren Stelle dieses Lebensganges (S. 126 ff) schildere ich ein Gespräch über Christus, das ich mit dem gelehrten Cisterzienser und Professor an der katholisch-theologischen Fakultät in Wien gehabt habe. Skeptischer Stimmung stand ich gegenüber. Ich fand das Christentum, das ich suchen musste, nirgends in den Bekenntnissen vorhanden. Ich musste mich, nachdem die Prüfungszeit mich harten Seelenkämpfen ausgesetzt hatte, selber in das Christentum versenken, und zwar in der Welt, in der das Geistige darüber spricht.

An meiner Stellung zum Christentum wird voll anschaulich, wie ich in der Geisteswissenschaft gar nichts auf dem Wege gesucht und gefunden habe, den manche Menschen mir zuschreiben. Die stellen die Sache so hin, als ob ich aus alten Überlieferungen die Geist-Erkenntnis zusammengestellt hätte. Gnostische und andere Lehren hätte ich verarbeitet. Was im ‚Christentum als mystische Tatsache' an Geist-Erkenntnis gewonnen ist, das ist aus der Geistwelt selbst unmittelbar herausgeholt. Erst um Zuhörern beim Vortrag, Lesern des Buches den Einklang des geistig Erschauten mit den historischen Überlieferungen zu zeigen, nahm ich diese vor und fügte sie dem Inhalte ein. Aber nichts, was in diesen Dokumenten steht, habe ich diesem Inhalte eingefügt, wenn ich es nicht erst im Geiste vor mir gehabt habe.

In der Zeit, in der ich die dem Wort-Inhalt nach Späterem so widersprechenden Aussprüche über das Christentum tat, war es auch, dass dessen wahrer Inhalt in mir begann keimhaft vor meiner Seele als innere Erkenntnis-Erscheinung sich zu entfalten. Um die Wende des Jahrhunderts wurde der Keim immer mehr entfaltet. Vor dieser Jahrhundertwende stand die geschilderte Prüfung der Seele. Auf das geistige Gestanden-Haben vor dem Mysterium von Golgatha in innerster ernstester Erkenntnis-Feier kam es bei meiner Seelen-Entwicklung an.'

Es wird sehr deutlich, dass Rudolf Steiner inmitten des größten Widerspruchs zwischen dem äußerlichen Christentum und dem wahrhaften christlichen Erleben um seinen eigenen geistigen Standpunkt gerungen hat.

Dazu brauchte er zuerst die Umwandlung vom Denker zum Eingeweihten. Diese hat er dann in ‚Mein Lebensgang' deutlich beschrieben:[19]

‚Im Zusammenhange mit dem Umschwung in meinem Seelenleben stehen für mich inhaltsschwere innere Erfahrungen. – Ich erkannte im seelischen Erleben das Wesen der Meditation und deren Bedeutung für die Einsichten in die geistige Welt. Ich hatte auch früher schon ein meditatives Leben geführt; doch kam der Antrieb dazu aus der ideellen Erkenntnis seines Wertes für eine geistgemäße Weltanschauung. Nunmehr trat in meinem Innern etwas auf, das die Meditation forderte wie etwas, das meinem Seelenleben eine Daseinsnotwendigkeit wurde. Das errungene Seelenleben brauchte die Meditation, wie der Organismus auf einer gewissen Stufe seiner Entwicklung die Lungenatmung braucht.

Wie die gewöhnliche begriffliche Erkenntnis, die an der Sinnesbeobachtung gewonnen wird, sich zu der Anschauung des Geistigen verhält, das wurde mir in diesem Lebensabschnitt aus einem mehr ideellen Erleben zu einem solchen, an dem der gan-

ze Mensch beteiligt ist. Das ideelle Erleben, das aber das wirkliche Geistige doch in sich aufnimmt, ist das Element, aus dem meine ‚Philosophie der Freiheit' geboren ist. Das Erleben durch den ganzen Menschen enthält die Geisteswelt in einer viel wesenhafteren Art als das ideelle Erleben. Und doch ist dieses schon eine obere Stufe gegenüber dem begrifflichen Erfassen der Sinneswelt. Im ideellen Erleben erfasst man nicht die Sinneswelt, sondern eine gewissermaßen unmittelbar an sie angrenzende geistige Welt.

Indem all das damals nach Ausdruck und Erlebnis in meiner Seele suchte, standen drei Arten von Erkenntnis vor meinem Innern. Die erste Art ist die an der Sinnesbeobachtung gewonnene Begriffs-Erkenntnis. Sie wird von der Seele angeeignet und dann nach Maßgabe der vorhandenen Gedächtniskraft im Innern behalten. Wiederholungen des anzueignenden Inhaltes haben nur die Bedeutung, dass dieser gut behalten werden könne. Die zweite Art der Erkenntnis ist die, bei der nicht an der Sinnesbeobachtung Begriffe erworben, sondern diese unabhängig von den Sinnen im Innern erlebt werden. Es wird dann das Erleben durch seine eigene Wesenheit Bürge dafür, dass die Begriffe in geistiger Wirklichkeit gegründet sind. Zu dem Erfahren, dass Begriffe die Bürgschaft geistiger Wirklichkeit enthalten, kommt man mit derselben Sicherheit aus der Natur der Erfahrung bei dieser Art von Erkenntnis, wie man bei der Sinneserkenntnis die Gewissheit erlangt, dass man nicht Illusionen, sondern physische Wirklichkeit vor sich habe.

Bei dieser ideell-geistigen Erkenntnis genügt nun schon nicht mehr – wie bei der sinnlichen – ein Aneignen, das dann dazu führt, dass man sie für das Gedächtnis hat. Man muss den Aneignungsvorgang zu einem fortdauernden machen. Wie es für den Organismus nicht genügt, eine Zeitlang geatmet zu haben, um dann in der Atmung das Angeeignete im weiteren Lebensprozess zu verwenden, so genügt ein der Sinneserkenntnis ähn-

liches Aneignen für die ideell-geistige Erkenntnis nicht. Für sie ist notwendig, dass die Seele in einer fortdauernden lebendigen Wechselwirkung stehe mit der Welt, in die man sich durch diese Erkenntnis versetzt. Das geschieht durch die Meditation, die – wie oben angedeutet – aus der ideellen Einsicht in den Wert des Meditierens hervorgeht. Diese Wechselwirkung hatte ich schon lange vor meinem Seelenumschwunge (im fünfunddreißigsten Lebensjahre) gesucht.
Was jetzt eintrat, war Meditieren als seelische Lebensnotwendigkeit. Und damit stand die dritte Art der Erkenntnis vor meinem Innern. Sie führte nicht nur in weitere Tiefen der geistigen Welt, sondern gewährte auch ein intimes Zusammenleben mit dieser.'

Nach dieser Umwandlung musste er in innerem Seelenkampf (‚Stürmen') seine Geistesanschauung retten. Gerade in dieser Prüfungszeit bildete er seine Geistesanschauung der Entwicklung des Christentums, und darüber sagt er dann jene Worte, die oben bereits zitiert wurden.
Ab dieser Zeit ist alles, was Rudolf Steiner lehrt, in diesem Christus-Erleben eingebettet, auch wenn er nicht darüber spricht. Es ist also umgekehrt: nicht hat er das Christus-Ereignis als ‚Bild' für die Erleuchtung verwendet; vielmehr lebte in allem, was er je sagte, der Christus, auch wenn er völlig andere Inhalte lehrte.
Ein musikalischer Mensch erlebt musikalisch, auch wenn es keine Musik gibt. Er erkennt das Musikalische, sobald es sich – wo auch immer – erleben lässt.
In ‚Die Mystik...' werden christliche Mystiker besprochen, aber auch Spinoza und Fichte. Erst ‚Das Christentum als mystische Tatsache' ist Darstellung der Erfahrung des Christus-Ereignisses als eine *Tatsache*. Vielleicht findet der Leser nicht, was er in diesem Buch sucht. Vielleicht

findet er den Christus nicht, weil nur noch das ‚Tatsache-Sein' dargestellt ist. Dann muss der Leser die Abschnitte meditieren, damit sie sich zum Erleben vertiefen. So findet er, was er sucht – und er weiß von dem Moment an, dass der Verfasser aus dem ‚Gefunden-Haben des Christus' heraus geschrieben hat.

Der Mensch, der Christus finden möchte, muss sich viel, sehr viel Mühe machen. Denn Er lässt den Menschen frei, Er zeigt sich erst, wenn Aufwand und Mühe geleistet worden sind – denn erst dann hat der Mensch seine freie Wahl bewiesen.

Die christliche Theosophie

Rudolf Steiner wird Lehrer für die deutsche theosophische Gesellschaft. Er stimmt zu, weil er der Frage von Marie von Sivers nach einer abendländischen Esoterik gerecht werden möchte. Von Anfang an ist es klar, dass er einen neuen Zug in die Theosophie einführen will: den christlich-esoterischen Zug. Er kann jedoch nicht in einer fremden Sprache lehren, er muss also die Worte verwenden, die bereits in der Theosophie üblich sind. So verkörpert er sein christliches Wissen in der theosophischen Sprache.

Es ist ihm oft vorgeworfen worden, er habe nur alte esoterische Erkenntnisse umgedacht und sie als neu und originell gelehrt. Ein solcher Vorwurf wird nur von faulen Menschen gemacht werden können. Denn auch hier gilt: Wer sich tatsächlich meditierend mit den Geist-Erkenntnissen Rudolf Steiners einlässt, wächst in ein lebendes, webendes, vielgestaltetes, sich immer tragendes Weltenwort hinein. Man fragt sich dann höchstens erstaunt, wie es möglich ist, dass ein solches Wissen durch *einen* Menschen hindurchgegangen ist. Nie wird man mehr auch nur eine Sekunde zweifeln können, denken können, es sei *un*möglich, dass *ein* Mensch ein solches Wissen getragen hat. So wie ein Konzertpianist über den einzelnen Noten steht und sie alle zusammen in einem Kunstwerk hörbar macht, so hat dieser Künstler die einzelnen Wissenstatsachen überstiegen. Kein zusammengetragenes, zusammengestelltes Wissen ist diese frühe Theosophie Rudolf Steiners, sondern ein in den üblichen theosophischen Wortgebäuden verkörpertes Christus-Wort.

So wird das Buch ‚Theosophie'[20] veröffentlicht, worin

zum ersten Mal der Mensch in seiner Vier-, Sieben-, ja Neungliederung erscheint; worin der Weg des Seelisch-Geistigen nach dem Tode geschildert wird; worin von Karma und Reinkarnation gesprochen wird; und worin vor allem der Weg geschildert wird, den jeder Mensch gehen kann, der die Einweihung sucht. Es wird unmittelbar klar, dass der Mensch dazu seine Seele läutern muss, und dass er Herr werden soll über all seine unbewussten Regungen. Keine mühelose Erleuchtung am Computer[21] steht dem Menschen bevor, sondern eine fortwährende strenge Übung – sie kann nicht streng und tief genug sein. Und weil unausgesprochen doch sehr klar ist, dass der Verfasser dieser ‚Theosophie' all diesen Ansprüchen selbst gerecht geworden ist, erscheint er dort nicht mehr als genialischer Denker oder als natürlicher Hellseher; sondern er tritt als ein geheiligter Mann hervor. Nicht, dass ein solcher Heiliger je absolut vollkommen ist, darum geht es gar nicht. Es geht um die fortwährende Selbstanschauung und den daraus hervorgehenden fortwährenden Willen zur Selbstvervollkommnung. Heiligkeit ist nicht eine erlangte Vollkommenheit, sondern ein *Streben* nach Vollkommenheit.

In derselben Zeit hält Rudolf Steiner Vorträge und gibt esoterische Stunden. Die Nachschriften lassen dies in unvollkommener Form erleben, und man sieht, wie Rudolf Steiner da sein Wissen in theosophisches Wort kleidet. In den geschriebenen Büchern aber tritt die selbstständige Geist-Erkenntnis deutlich als abendländische Erkenntnis hervor. Hier gilt das ‚Ex Occidente Lux', das eine wahrhaftige Grals-Wissenschaft kennzeichnet.

Der heutige Mensch, der nun einmal nur intellektuell oder subjektiv empfindend denken kann, hat die Fähigkeit verloren, sich aus einer Beschreibung ein lebendiges Bild vor die Seele zu malen. Eine Biographie ruft dadurch nur einen vagen Eindruck der beschriebenen Persönlichkeit hervor, sicher keinen lebendigen. Wenn da also geschrieben steht, Rudolf Steiner habe in ernstester Erkenntnis-Feier geistig vor dem Mysterium von Golgatha gestanden, ist das eine Reihe von Worten mit einem darin enthaltenen Begriff. Man kann es für wahr halten oder nicht. Hält man es nicht für wahr, so braucht man sich eigentlich nicht weiter mit Rudolf Steiner zu befassen, es sei denn, man habe einen Drang, seine Größe zu vernichten. Zweifelt man – und das ist ja immer berechtigt –, so kann man sich weiter in alles, was es über Rudolf Steiner und die Anthroposophie gibt, vertiefen, und die Wahrheit wird wohl erscheinen. Wenn es einem jedoch irgendwie eine sichere Überzeugung ist, dass Rudolf Steiner tatsächlich vor dem Mysterium von Golgatha gestanden hat, so sollte man diesen Satz nicht vorbeiziehen lassen, sondern sich so lebendig wie nur möglich in der Phantasie vorstellen, wie ein Mensch wirklich, reell, mit seiner Seele und seinem Geist vor Christus gestanden hat und Seine Tat erlebt hat. Nicht einfach weiterlesen, sondern den Satz zur Imagination, zum Bild werden lassen, dazu sollte der Mensch den Mut fassen. Und nicht nur *ein* solcher Satz müsste so gelesen und erlebt werden, das ganze Werk Rudolf Steiners verdient eine solche Andacht und Hingabe.

Die allerwenigsten Leser gehen so vor, und trotzdem gestehen sie sich alle zu, ein flottes, vorschnelles Urteil zu fällen: Wahr, zweifelhaft, unwahr, Unsinn usw. – So gehen wir ja auch miteinander um, respektlos, vorschnell urteilend. Aber im menschlichen Zusammenleben werden Urteile oft korrigiert. Konflikte entstehen, und das Urteil wird durch die Realität zurechtgerückt. Eine nicht mehr lebende Persönlichkeit kann nicht mehr in dieser Weise wirken, sie muss alles gewähren lassen, kann auf Erden lebende Menschen zwar inspirieren, aber nicht selbst ihre Stimme hören lassen. Deshalb ist die Verantwortlichkeit des Lesers viel grösser. Er muss fühlen, dass er sein Urteil zurückhalten muss, und dass er versuchen muss, selbst eine Realität aus dem Gelesenen zu machen. Dann bekommt man an dem ‚geistigen Gestanden-Haben vor dem Mysterium von Golgatha' ein tief, tief berührendes Bild. Ab diesem Moment wird Rudolf Steiner in ein ganz anderes Licht gerückt. Man bekommt eine Art Erinnerung, wenn man diesen Menschen vor dem Kreuz stehen sieht, eine Erinnerung an einen frommen Mönch, einen Mann, der damals, Jahrhunderte zuvor, bereits durch und durch heilig war, in dem damals schon das innige Liebesverhältnis zum Christus realisiert, verwirklicht war. Dieses Verhältnis aufersteht in Rudolf Steiner, wird mit der voll ausgebildeten Bewusstseinsseele wiederum durchgemacht, aber im Hintergrund ‚sieht' man, empfindet man diesen stillen, frommen, berühmten Mönch. Damals schon so heilig wie ein Engel, und trotzdem so gelehrt wie ein Doktor, ja Professor. Jetzt, im Übergang vom 19. zum 20. Jahrhundert, wird das Liebesverhältnis erneuert, aber die neue Zeit lässt eine äußerliche Berühmtheit nicht mehr zu. Bekannt wird er werden, aber nicht von der Welt anerkannt.

Das geistige Gestanden-Haben vor dem Mysterium von Golgatha ... wer dies bis ins Mark zu erleben wagt, für den ist Rudolf Steiner ab jetzt ein Meister. Der Meister mit der Aufgabe, das ‚Ex Occidente Lux' zu verkünden, das Licht, das im heiligen Gral leuchtet. Er ist der Meister des Abendlandes.

Seine Aufsätze über den Pfad der Einweihung werden als Buch veröffentlicht: ‚Wie erlangt man Erkenntnisse der höheren Welten'. Schritt für Schritt wird hier die innere Schulung beschrieben. Vor allem aber werden die moralischen Bedingungen geschildert. Aus dieser Schilderung wird klar, dass der Mensch, der diese Einweihung erlangt, nicht nur seine Seele vollständig läutern muss, sondern dass er überdies die volle Herrschaft über seine seelischen und geistigen Fähigkeiten erlangen muss. Es kommt auf die *volle* Herrschaft an, und dies wird durch Proben im Leben geprüft. Der Eingeweihte hat nicht nur seine Begierden und Triebe in seiner Meisterschaft, sondern auch seine Gefühle und Empfindungen, jeden Gedanken, den wahrhaftigen Zusammenhang der Gedanken und der wahrgenommenen Welt, die Eindrücke seiner vollständigen Sinneswahrnehmung, die geistigen Bilder, Eingebungen, Intuitionen.

Und nun stellen wir uns dieselbe Anforderung wie zuvor: Wir stellen uns so klar und stark und ausführlich wie nur irgend möglich Rudolf Steiner als Eingeweihten vor. Welche Eigenschaften hat er also? Er hat seine Triebe und Begierden im vollen Bewusstseinslicht in seiner Herrschaft. Und er hat das gesamte seelisch-geistige Leben bewusst in seiner Meisterschaft: Gefühle, Gedanken, Sinneseindrücke usw. Wenn nicht, so wäre er ein Verführer, ein Irrlehrer. Gestehen wir uns jedoch, dass er wahrhaftig ein Eingeweihter gewesen ist, so müssen wir das Obige schlussfolgern. Man soll sich wirklich diesen Menschen so intensiv vorstellen, nicht schnell darüber hinwegsehen, keine Eifersucht fühlen, sondern sich durch das Erleben rühren lassen. Hinter diesem Menschen sehen wir die Heiligkeit der Gedanken in früheren Inkarnationen. Jetzt sehen wir einen Mann, in dem diese heiligen Gedanken wirkliche Seelenfähigkeiten geworden sind. Da kann man doch eine tiefe Ehrfurcht fühlen, ohne diesen *Mann* zu verehren?

Was in der ‚Philosophie der Freiheit' als Gedankliches gegeben wurde, kehrt in ‚Wie erlangt man Erkenntnisse der höheren Welten'[22] in höherer und tieferer Gestalt wieder. Deshalb ist der Weg auch schon schwieriger zu gehen, als in ‚Wahrheit und Wissenschaft' und ‚Die Philosophie der Freiheit'. Denn dort hatte man es nur erst mit einem reinen Denken und dem zu erlangenden Ausnahmezustand zu tun. Hier jedoch müssen wir diese Fähigkeiten eigentlich bereits haben. Denn wer hat im Lärm des Alltagslebens die selbstbewusste Kraft, sich aufzuraffen, der Welt und ihren Erscheinungen in Verehrung entgegen zu treten? Man muss sein Denken in Reinheit hegen können, um dies zu schaffen. Und wer kann sich von der eigenen Subjektivität so stark loslösen, dass er ein Geschehen aus seiner Biographie von außen anschauen kann? Dazu muss man im Einnehmen des Ausnahmezustandes bewandert sein. Was im reinen Innenleben schon schwierig ist, wird innerhalb des Tageslebens eine Unmöglichkeit. Vielleicht wäre es zu Anfang des zwanzigsten Jahrhunderts noch möglich gewesen, es gab ja damals nicht dieses gehetzte Alltagsleben. In unserer Zeit wird es jedoch ohne vorherige Arbeit im reinen Denken und allem, was daraus hervorgehen kann, zunehmend unmöglich sein, ein solches starkes Selbstbewusstsein zu haben.

Es ist bekannt, das Schüler von Rudolf Steiner, die den Pfad beschritten, sich erstaunt gestehen mussten, dass lange, sehr lange Strecken zwischen den verschiedenen Stufen der Einweihung liegen. Der Mensch Rudolf Steiner war auf diesem Pfad schon so weit fortgeschritten, dass er gar nicht mehr zu sehen war. Dann droht die Gefahr, dass ein solcher Mensch als einzigartig begabt über alle gestellt wird; oder dass eine solche Entwicklung als unmöglich angesehen wird; dass der Schüler den Mut verliert und entweder enttäuscht sein Streben aufgibt oder anfängt, den Meister zu bekämpfen. Das alles passierte selbstverständlich, und es passiert noch immer. Der entmutigte Schüler kann sich auch anderen Wegen zuneigen, z.B. in die Kirche zurückkehren oder andere spirituelle Wege gehen. Wir sollten aber keineswegs erlahmen. Der Lehrer braucht nicht aus unserem Blickfeld zu verschwinden. Wir können ihn immer wieder selbst in unser Blickfeld hineinstellen und seine Entwicklung zum Ideal werden lassen. Wie man dann seine Schritte zu lenken hat, finden wir ausführlich dargestellt in ‚Wie erlangt man Erkenntnisse der höheren Welten'.

Ein Umriss der Geheimwissenschaft

1909 erscheint dann ein zusammenfassendes, umfassendes ‚Lehrbuch' mit den wichtigsten Erkenntnissen aus der Geheimwissenschaft. Wenn man Rudolf Steiner nicht als Bild an der Wand, als Statue im Bücherschrank, als vielgenannten oder -zitierten Weisen, sondern als lebendige Individualität erleben möchte, muss man dieses Buch auch wirklich in Zusammenhang mit dem Verfasser lesen und meditieren. Ich meine damit nicht, dass Verfasser und Buch ein und dasselbe sind, wohl aber, dass wir uns von Zeit zu Zeit bewusst machen müssen, dass *ein Mensch* (Rudolf Steiner) diese Wissenschaft empfangen und wiedergegeben hat. Tun wir das nicht, dann wird allmählich vergessen, mit wem wir es eigentlich bei der Gründung der Anthroposophie zu tun hatten, und dann kann diese Loslösung der Anthroposophie von ihrem Lehrer stattfinden, die wir jetzt überall sehen. Das sollte aber nicht sein, weil die Geisteswissenschaft als nur überliefertes Wissen, ohne Verbindung mit Rudolf Steiner, Beute für den nur zur Analyse und Kombination fähigen Intellekt werden wird – und schon ist.

Was hier gesagt wird, ist etwas anderes als blinder Glaube an einen Meister. Dieser würde ebensosehr vernichtend wirken. Denn es muss der freie Mensch selbstständig sich diese Geheimwissenschaft durch reines Denken zueigen machen, er soll vollständig auf sich selbst gestellt bleiben, frei bleiben in der Urteilsbildung. Überdies jedoch muss dann die beschriebene Bewusstwerdung herangezogen werden: Es hat einen Menschen gegeben, der dies alles selbst geschaut und in für den Intellekt erfassbare Worte gekleidet hat! In den ‚Vorbemerkungen' der ersten Auflage (1909) schreibt Rudolf Steiner, welche Haltung er von seinen Lesern erhofft:[23]

‚Der Verfasser sagt es unumwunden: er möchte vor allem Leser, welche nicht gewillt sind, auf blinden Glauben hin die vorgebrachten Dinge anzunehmen, sondern welche sich bemühen, das Mitgeteilte an den Erkenntnissen der eigenen Seele und an den Erfahrungen des eigenen Lebens zu prüfen. Er möchte nur vorsichtige Leser, welche nur das logisch zu Rechtfertigende gelten lassen'.

Dafür braucht er natürlich Leser, die ein reines Denken einsetzen können, um dieses nur logisch zu Rechtfertigende tatsächlich gelten lassen zu können – denn das gewöhnliche Urteilen ist dazu meistens gar nicht imstande, weil es gerade *nicht vorsichtig* ist.

Der vorsichtige Leser also müsste aus der Erkenntnis, dass das Dargestellte logisch zu rechtfertigen ist, die Überzeugung der Wahrheit schöpfen. Diese Überzeugung wäre dann aber zugleich ein Erkennen des Vermögens des Verfassers – auch das wäre dann logisch gerechtfertigt.

Aber es gibt noch eine andere Möglichkeit, es nicht als logisch gerechtfertigt ansehen zu wollen, Rudolf Steiner sei ein hoher Eingeweihter. Denn der Hauptteil dieser Geheimwissenschaft im Umriss umfasst Erkenntnisse, die schon immer bekannt waren, nur nicht öffentlich. Die Theosophie kannte sie, und nach Rudolf Steiners Tod, im Jahr 1930, wurden Schriften von Mani gefunden (215 – 277), der das Entstehen der Erde auch schon in gleicher Weise darstellte. Aus diesen Schriften konnte Rudolf Steiner ja nicht schöpfen, aber sie lassen erkennen, dass diese Geheimwissenschaft schon sehr alt ist.

Mani:

‚Ihr wisst, es gibt sieben Erdensphären'.[74]

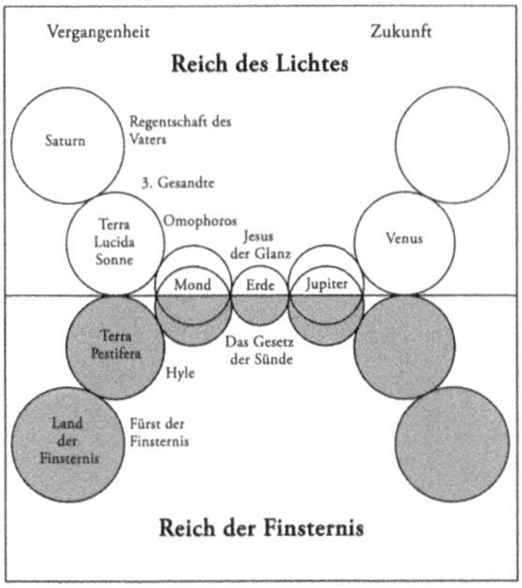

Rudolf Steiner selbst hat wiederholt erklärt, dass er nichts lehrte, was er nicht selbst im Geiste erkannt hatte, geschaut hatte in der geistigen Welt. Wenn er kein regelrechter Lügner gewesen ist – und das sollten wir bereits früher für uns selbst festgestellt haben: ja oder nein – muss es also so sein, dass er den Inhalt des Kapitels ‚Die Weltentwicklung und der Mensch' selbst geschaut hat. Wenn man Rudolf Steiner für einen Lügner hält, hat es keinen Sinn, sich mit seinen Schriften weiter zu befassen. Erkennt man ihn aber als wahrhaftig, so weiß man: er hat den Inhalt der Geheimwissenschaft selbst geschaut. Dass dieses Schauen dann Inhalte gibt, die bereits in irgendeiner Form bekannt waren, braucht uns nicht zu verwundern, denn das ist ja Kennzeichen der Wahrheit, dass sie sich nicht nur auf *eine* Weise offenbart.

In dieser Weise muss sich die Erkenntnis also in uns gestalten: Wir müssen einerseits mitdenken und erleben, dass der Inhalt logisch zu rechtfertigen ist; andererseits von Zeit zu Zeit tief erleben, dass es einen wahrhaftigen Verfasser dieser Geheimwissenschaft gegeben hat – damit in uns nicht nur eine Geheimwissenschaft wächst, sondern auch ein Erleben des lebendigen Rudolf Steiner.

Nach dem Kapitel ‚Die Weltentwicklung und der Mensch' finden wir wiederum den Einweihungsweg dargestellt, jetzt in einer anderen Weise als in ‚Theosophie' und ‚Wie erlangt man Erkenntnisse der höheren Welten' – sei es auch mit demselben Aufruf und derselben Mahnung. Dieses Kapitel beinhaltet die wunderbare Schilderung der Rosenkreuz-Meditation.

Die Bedingungen für eine gesunde Geburt des höheren Ich werden hier noch einmal in anderer Form dargestellt; die Stufen der höheren Erkenntnis werden beschrieben; auch die Ereignisse, die dem Geistesschüler bevorstehen – wie z.B. die Begegnung mit dem Hüter der Schwelle – kommen noch einmal zur Sprache.

Der vorsichtige Leser, der mit dem Urteilen warten kann, der das Urteil *sich formen* lassen kann, wird in der Art und Weise, wie der Verfasser vorgegangen ist, sicher die volle Meisterschaft über alles dasjenige erleben, was dort geschildert wird.

Durch die Ausgestaltung des reinen Denkens kommt man in eine künstlerische Verfassung

Mysterien-Wissen liefert nicht nur Erkenntnis – jedenfalls wenn die Erkenntnisse nicht allein mit dem Intellekt aufgenommen werden. Es liefert auch *Fähigkeiten*, die Persönlichkeit verwandelt sich, man wird ein anderer, besserer, intelligenterer und lebensfähigerer Mensch. Denn diese Art von Erkenntnissen können nicht ohne eine Weiterentwicklung der Fähigkeiten erlangt werden, andererseits geben sie dafür auch unerwartete Möglichkeiten zurück. So ist es eine Gesetzmäßigkeit, dass die Entwicklung des reinen Denkens den Menschen in eine ganz andere Verfassung bringt. Wenn man diese Verfassung charakterisieren möchte, könnte man sagen: es wird innerlich *romantisiert.*

Der Dichter Novalis hat dieses Romantisieren wie folgt ausgedrückt:

‚Wenn ich dem Gemeinen einen hohen Sinn,
dem Gewöhnlichen ein geheimnisvolles Ansehn,
dem Bekannten die Würde des Unbekannten,
dem Endlichen einen unendlichen Schein gebe,
so romantisiere ich es.'

Dieses Romantisieren ist eigentlich das künstlerische Auffassen der Welt und des Lebens. Das reine Denken verleiht dem Menschen diese Fähigkeit und damit wird er aus dem grauen Alltag erlöst. Es wird kein Schwärmer aus ihm, sondern ein Mensch, der das Wesentliche im Unwesentlichen, der das Ewige im Vergänglichen erleben lernt. Das geht noch immer nicht von selbst, stets muss er sich dazu aufraffen – die Fähigkeit *hat* er dann aber.

So kann man verstehen, dass Rudolf Steiner, der seine Texte in solch rein logischer Begriffsform gibt, überdies die Fähigkeit hatte, der Kunst auf verschiedenen Gebieten einen neuen Impuls zu geben und sogar selbst künstlerisch zu schaffen. So hat er die Eurythmie und die Sprachkunst initiiert, aber auch selbst Dramen geschrieben, Mysteriendramen, die wirklich auf die Bühne gebracht worden sind – und noch immer innerhalb anthroposophischer Kreise gebracht werden.

Später wurde die Architektur, Malerei, Bildhauerei in diesen künstlerischen Impuls einbezogen, indem in Dornach das ‚Goetheanum' erbaut wurde, das eine äußerlich sichtbare Anthroposophie sein sollte.

Bitteres Intermezzo

Die Anthroposophie wurde also von einer rein im Innern verlaufenden Entwicklung zu einer auf Erden sichtbaren Form-, Bewegungs- und Klangwelt, die künstlerischer Ausdruck des Geistigen und des Seelischen sein sollte. Damit wurde die sich entwickelnde Anthroposophie aber zugleich einer Gefahr ausgesetzt, die in den darauffolgenden Jahrzehnten auch wirklich vernichtend gewirkt hat.

Das darf man Rudolf Steiner nicht vorwerfen, denn er musste ja *alles* tun, wozu er fähig war, um die Anthroposophie in einer solchen Weise auf die Erde zu bringen, dass sie auch nach seinem Tode erhalten bleiben würde. Er gab sie jedoch in Form einer Entwicklung und rechnete damit, dass die Schüler in dieser Entwicklung auch tatsächlich mitwachsen würden, selbstverständlich jeder nach seinen

Möglichkeiten. Da die künstlerische Ausgestaltung eine Frucht des reinen Denkens und der darauf aufgebauten Einweihung war, hätte es einige Schüler geben müssen, die wenigstens das reine Denken voll ausgebildet hatten. Dann wäre nicht nur Rudolf Steiner das Fundament gewesen, auf dem das Gebäude der Anthroposophie ruhte, sondern dann wäre die Basis breit und tief gewesen, da jeder geistige Teilnehmer, der das reine Denken mitbringt, diese Basis exponentiell wachsen lassen würde. Nun gab es aber keinen, und das hat Rudolf Steiner selbst oft genug gesagt – und als es dann schließlich einen gab (Carl Unger), kehrte sich fast die ganze Schar der ‚Anthroposophen' gegen ihn.[24]

‚Das können Sie so recht fühlen, wenn Ihnen in den gar nicht genug zu schätzenden Vorträgen unseres lieben Dr. Unger entgegentritt dieses Erheben der menschlichen Erkenntniskraft zum reinen Gedanken und dann das Hereinleuchten lassen der höheren Welten. Daher muss betont werden: Es gereicht zum größten Segen, dass wir in der Lage sind, eine solche Kraft unter uns zu haben, wie Dr. Unger es ist, der auf diesem spirituell-philosophischen Gebiet in der Lage ist, die Erkenntnistheorie des reinen Denkens des Erkenntnissubjektes, welches als Ich auf dem Gedankenplan liegt, im einzelnen auszuarbeiten, auszuführen.' (1910)

Und 1923:[25]

‚Der wissenschaftliche Betrieb war bis zum Jahre 1919, 1920 mehr eine Hoffnung, mit Ausnahme dessen, was Dr. Unger aus der ‚Philosophie der Freiheit' und anderen Schriften der voranthroposophischen Zeit für die Anthroposophie fruchtbar her-

ausgeholt hat. Im übrigen, wenn wir absehen von dem, was in dieser erkenntnistheoretischen Beziehung weitergebaut worden ist, was ein wichtiges Substantiell-Inhaltliches für die weitere Bewegung war, müssen wir eben sagen, dass zunächst beim Beginne der dritten Periode das Wissenschaftliche eine Hoffnung war.'

Nun, so war es eben. Wir müssen uns aber dazu aufraffen, auch dies voll ins Auge zu fassen. Es entsteht allmählich eine sichtbare Anthroposophie, es fehlt aber die geistige Basis, oder die geistige Erfüllung. Diese wird vollständig von Rudolf Steiner selbst geleistet, während die Mitarbeiter sich, trotz Meditationen und sich entwickelnder Hellsichtigkeit, an der äußeren Sichtbarkeit der Eurythmie, Dramen usw. ergötzen. Zuvor war alles eine rein innerliche Angelegenheit, die nur im gesprochenen und geschriebenen Wort übertragen wurde. Der Schüler musste zumindest ein wenig innerlich aktiv werden, um es erfassen zu können – auch wenn man selbst dies offensichtlich viel zu bequem genommen hat. Im Sichtbar- und Hörbarwerden der Anthroposophie verfiel man leicht dem Äußeren. Damit gehen auch äußere Lebensregeln und Maßnahmen einher (kein Alkohol, kein Fleisch, so und so gekleidet, äußerer Schein inneren Gleichgewichts usw.).

Wer sich ein wahrheitsgetreues Bild von Rudolf Steiner formen will, muss diese Entwicklung sehen wollen und sich auch damit beschäftigen wollen. Denn immer mehr veräußerlicht die Anthroposophie, während Rudolf Steiner in seiner geistigen (inneren) Entwicklung immer weiter voranschreitet, ganz allein.

Nun hat die anthroposophische Kunst dennoch etwas, das über das rein innerlich geistige Schaffen hinausgeht.

Der Geist wird auf Erden zunächst gefunden im denkenden Erkennen mit dem Verstand. Da lebt er allerdings nicht selbst, sondern wirft seinen Schatten in den Gedanken. Die Gedanken sind schattenhafter Geist, aber der Geist kann nicht *selbst* in diesen Schatten leben. Soll ein freies Geistesleben existieren, muss der Geist sich also vom Verstand emanzipieren und sich frei erleben lernen. Die Freiheit, die im von Gott verlassenen Verstand voll entwickelt werden kann, zum freien Entschluss führen kann, wird so eigentlich wiederum zugunsten eines Erleben des Geistes aufgegeben. Dann steigt das reine Denken über sich selbst hinaus und ergreift die eigene Geistigkeit. Diese Geistigkeit ist nicht mehr Inhalt, sie hat zunächst als Inhalt nur dasjenige, was sonst als *Form* der Andacht entschlüpft. Der Geist kann nur *Formen* beleben, nicht Inhalte. Also kann der Geist sich nur dann zu einem reinen freien Geistesleben auf Erden gestalten, wenn er reine Formen vorfindet, in die er sich ‚verkörpern' kann.

Dieser rein im individuellen Innern verlaufende Prozess ist nun in der anthroposophischen Kunst, vor allem in der Eurythmie, veräußerlicht. Die *Formen* sind äußerlich gestaltet, äußerlich sichtbar. Das ist in weniger ausgesprochener Weise auch bei der Sprachgestaltung, Bühnenkunst, Malerei usw. der Fall, aber weniger rein als Form, man muss die Formen hier mehr herausarbeiten. In der Eurythmie kommt die Form *als* Form auf die Bühne. Das ist etwas sehr Wunderbares, denn auf der Bühne wird – für jeden, der zuschauen kann – etwas sichtbar, was sonst nur im reinen Denken, das sich zur geistigen Form erhoben hat, erlebt werden kann. Zwar ist der Bereich dieser innerlich geistigen Form viel, viel weiter als die eurythmische Form, denn sie ist nur ein Teil des umfassenden Formenreiches. Aber sie *wird* tatsächlich für den Zuschauer sichtbar.

So betrachtet scheint die anthroposophische Kunst den Geist nicht verlieren zu können. Und in der Zeit, in der Marie Steiner noch die Ausbildung der Eurythmisten befeuern konnte, muss der Geist tatsächlich in der Aufführung erlebbar gewesen sein. Denn Marie Steiner hatte das *Bewusstsein der Form.* Das heißt, dass nicht nur die Form ausgeführt, gestaltet wird, sondern dass ein Bewusstsein der Bedeutung dieser Form vorangeht. Dieses Bewusstsein der Form muss immer da sein, wenn wirklich anthroposophische Kunst erstehen soll. Das Sichtbare soll nicht an sich da sein, es soll aus dem Bewusstsein der Form hervortreten. Dieses Bewusstsein kann während des Übens entstehen, das Üben selbst ist noch nicht die Kunst.

Das Bewusstsein der Form *muss* der Eurythmist haben. Hat *er* es nicht, so kann der Zuschauer auch nur unbeseelte, unbegeisterte Form sehen, und diese wirkt nur abstoßend. Der Geist kann nur die Form erfassen und durch die Form hindurch sich auf Erden äußern.

Durch die Kunst kann der Geist *nur vermittelt* werden. Er muss im Innern individueller Menschen auch tatsächlich auflodern, damit die Anthroposophie in die Zukunft hinein weitergetragen werden kann. Der Geist in der Kunst ist aber allmählich erloschen, denn es genügt nicht, wenn ein oder zwei Menschen den lebendigen Geist in sich tragen. Die Form muss immer wieder in das Bewusstsein hereinragen, und dann beseelt und begeistert werden.

Dieses allmähliche Verschwinden des realen Geistes aus der Kunst setzt erst recht nach dem Tod Rudolf Steiners ein. Es gab ja plötzlich keine geistige Basis mehr, keine geistige Erfüllung. Wenn diese auch von der geistigen Welt, wo Rudolf Steiner ja nun war, herunterströmte, sie konnte nicht mehr äußerlich empfunden werden. Und da die Schüler sich innerlich nicht entsprechend entwickelt hatten, fehlte der Anthroposophie nach Rudolf Steiners Tod die Basis und die notwendige Erfüllung. Das aber ist das Wesen der Dekadenz: äußerer Glanz, innere Leere. Und die Anthroposophie geriet unmittelbar in Dekadenz, ja hätte wie ein Leichnam auseinanderfallen müssen, wenn die Nachfolger es nicht geschafft hätten, den anthroposophischen ‚Körper' zu mumifizieren. Was dies für Rudolf Steiner bedeutet, kommt in einem späteren Kapitel zur Sprache.*

Es gibt also seit 1925 eine Mumie, deren äußerliche Gestalt anthroposophisch ist, aus der aber alles Leben verschwunden ist. Zwar gibt es auch die Bücher und Vortragszyklen, und dadurch ist es noch immer möglich, die Anthroposophie in ihrer Lebendigkeit zu erfassen und ein lebendiges Denken zu erreichen. Dies erfordert jedoch eine riesige innerliche Aktivität, und da unsere Zeit die Seelen immer passiver macht, lebt man gerne nur in den Buchstaben und Wörtern, statt in den reinen Begriffen, die darin ausgedrückt sind. Dann aber hat man auch hier nur die Mumie zur Verfügung, denn der Buchstabe und das Wort sind schon lange gestorben. Auch das Werk der Gesamtausgabe gehört also für die meisten Menschen zur äußerlichen Anthroposophie.

Und so hat sich ein Ungeheuer entwickelt, das auch ‚Anthroposophie' heißt, das aber, wie alles Tote, wie Gift wirkt. Durch Generationen wird dieses Ungeheuer angebetet, und die es anbeten, heißen ‚Anthroposophen' und

* Siehe das Kapitel: Das Karma Rudolf Steiners in Zusammenhang mit dem Karma der Allgemeinen Anthroposophischen Gesellschaft, S. 101

sind in einer Allgemeinen Anthroposophischen Gesellschaft vereint. Sie versuchen, jeder auf eigene Weise, der äußerlichen Anthroposophie gerecht zu werden. Es hat sich eine unnennbare Menge an Details angehäuft, denen der Anthroposoph entsprechen soll, und untereinander wird man geprüft. Es ist eine Schale, die abgefallen ist, aber trotzdem eine eigene Wirkung ausübt, während sie sich immer weiter von der ursprünglichen Frucht entfremdet.

Wenn man eine Frist von siebzig Jahren nimmt, in der ein solches Ungeheuer noch wie etwas Traditionelles weiterwirken kann, ist auch dieses um das Jahr 1995 wirkungslos geworden. Seitdem ist ein tatsächliches Auseinanderfallen, eine Dissoziation im Gange. Dies wird klar und deutlich bemerkbar an dem zunehmenden Aufruhr – innerhalb der Gesellschaft – gegen den Gründer Rudolf Steiner. Faktisch wird gegen die Mumie gekämpft, aber bei einem Mangel an Unterscheidungsvermögen wird genau derjenige zum Opfer, der am Entstehen der Mumie gerade *nicht* Schuld ist: der lebendige Rudolf Steiner.

Inzwischen gibt es wahre ‚anthroposophische Familien', in denen die Mumie wie eine erbliche Anlage vererbt wird. Es gibt kein Entrinnen. Mit dem Demeter-Brot bekommt man auch die rezitierten Zitate von Rudolf Steiner, früher oder später.

Glücklich ist der Mensch, der die Anthroposophie ‚neu' entdeckt, unbeeinflusst, naiv, gleichsam als Mitglied einer anderen Kaste. Zwar kommt er nie wirklich in die ‚auserwählte' Kaste hinein – und wenn doch, wird auch er Teil der Mumie, während des Lebens –, sondern bleibt als begeisterter Anthroposoph völlig einsam, aber er hat eben unbefangen die Möglichkeit, sich dem ursprünglichen Rudolf Steiner als lebendigem Wesen zu nähern. So schreibe ich dieses Buch: als Apologie, die für tote wie auch lebendige Seelen eine Wirkung haben möge – für jeden, der wissen möchte: *Wer war eigentlich dieser merkwürdige Mann, Rudolf Steiner?*

Man kann verstehen, dass Angehörige dieser ‚anthroposophischen Familien', darin erzogen und auch beruflich wiederum darin wirksam, sich davon befreien möchten. Wie aber kann man sich von einem Gen befreien? Das bedeutet ja, sich selbst auseinanderreißen, die ganze angehäufte Masse von Regeln von sich abschütteln, mit der furchtbaren Empfindung: was bleibt dann noch übrig?

Die Weinreben sind vom ursprünglichen Weinstock losgelöst. Sie sind verdorrt und müssten ins Feuer geworfen werden. Wenn aber auch der Weinstock selbst entwurzelt und ins Feuer geschleudert wird, so hat man wirklich alles, was dem Menschengeschlecht vorwärtshelfen kann, gründlich vernichtet. Vor diesem Schritt stehen wir aber, dies wird absolut deutlich in dem Auftreten einer falschen Prophetin wie Judith von Halle; in dem Memorandum zur Frage ‚diskriminierender Aussagen' von Rudolf Steiner; in einem Buch wie ‚Missionen' von Sebastian Gronbach. Durch diese Taten droht der Weinstock entwurzelt und ins Feuer geschleudert zu werden.

Sich von der Mumie befreien zu wollen, ist ein berechtigtes Begehren. Was bleibt dann aber noch übrig? Weil die tote Gestalt leer geblieben ist, droht ein Nichts. Und aus Wut über die Unterlassung, die eigene und die der Vorgänger, möchte man sich vom ursprünglichen Mahner erlösen. Weg mit Rudolf Steiner, weg, weg! Wendet euch von ihm ab, er gehört zum tradierten Wissen! Wir wissen es inzwischen soviel besser, wir wollen nicht mehr isoliert in der Welt stehen, wir wollen uns allen anderen Strömungen anfreunden...

Was man aber nicht wahrhaben will, ist, dass es allein die Mumie war, die isoliert hat, weil ein gesunder, lebendiger Mensch nicht mit toten Leibern verkehren will. Und dass das *Nichts*, das übrig bleibt, eine Leere ist, die sich erfüllt mit Spott und Hass, mit dem Wesen der Gefühlsleere, das wir kennen als den Satan oder in anthroposophischer Sprache: Ahriman.

Es ist ein Wesen, das immer da ist, das sich nicht sehen lässt, aber in jedem Menschen steckt – sonst könnte er gar nicht sterben. Es hat aber die Kraft, das Nichts auszufüllen mit Verführung. Was geschieht also bei Vernichtung der Mumie? Erfüllung des Nichts mit Ahriman und Vernichtung seines Erzfeindes: Rudolf Steiner.

Dieses bittere Intermezzo konnte uns nicht erspart werden. Mit der äußerlichen Sichtbarwerdung der Anthroposophie wurde gewissermaßen das Schicksal der Anthroposophie in eine notwendige Gefahr gebracht. Notwendig, weil die Anthroposophie sich äußerlich gestalten musste; gefährlich, weil es keine ausreichend starke innere Entwicklung bei den Nachfolgern gab.

*

Wenden wir uns nun wiederum dem lebendigen Weinstock zu und versuchen, weiter zu erfassen, wie Rudolf Steiner als Geistesforscher wirkte.

Er war ein selbstständiger Geistesforscher, der seine Geheimwissenschaft völlig durchchristet darreichte, wie eine geistige Kommunion. Aber er rief natürlich gerade dadurch auch innerhalb der theosophischen Gesellschaft Widerstände auf. So wurde seinen Erkenntnissen, dass der Christus absoluter Mittelpunkt der Entwicklung von Mensch und Erde ist und dass das Mysterium von Golgatha absolut einmalig war, die Auserwählung eines neuen ‚Christus' (des Knaben Krishnamurti) entgegengestellt. Als Theosoph sollte Rudolf Steiner eigentlich lehren, dass dieser Knabe die Reinkarnation von Christus wäre. Er antwortete jedoch mit den Vortragsreihen über die vier Evangelien, brachte ein fünftes Evangelium, das er durch geistige Forschung in der Akasha-Chronik ‚gelesen' hatte, und blieb seiner Erkenntnis treu bis zur letzten Konsequenz: Ausschluss aus der theosophischen Gesellschaft und Neugründung einer Anthroposophischen Gesellschaft (1912/13). Hier erwähne ich dies als historisches Ereignis, im folgenden Kapitel werde ich auf die Bedeutung dieser christlichen Vorträge eingehen. All dies läuft zeitlich parallel mit dem Beginn der künstlerischen Tätigkeit.

Vier Dramen hat Rudolf Steiner geschrieben, in denen die Anthroposophie noch einmal tiefgehend erscheint, in Bildern der Entwicklung einiger Personen und der Darstellung der darin mit- und gegenwirkenden geistigen Wesen. Um der größeren Ausdrucksstärke willen hatten die Dramen eine halbpoetische Form, gesprochen mit sehr ausgeprägter Sprachgestaltung (um die ursprüngliche Wirkung des Wortes stärker erlebbar zu machen) und umwoben von eurythmischen Figuren. Man sieht – wenn man sich dafür öffnen will – tatsächlich eine geistige Welt auf der Bühne, man sieht, wie Individualitäten von den Gegenmächten ‚besucht' oder sogar ‚besessen' werden, wie andere geistige Wesen ebenfalls wirken und wie die Menschen durch Karma (Schicksal) miteinander verbunden sind, oft in Knoten verschlungen.

Großartige Bühnen-Veranstaltungen könnten es sein;

nur wirkt nach fast einem Jahrhundert die Mumien-Natur zu stark, wodurch man sich nur noch durch starke innerliche Anstrengung vorstellen kann, wie es ursprünglich gewesen sein muss. So wie eine Aufführung der Matthäus-Passion von Bach in unserer Zeit leblos zu werden droht, so entfernt sich eine Aufführung eines Mysteriendramas auch immer mehr vom ursprünglichen Leben.

In der Ausgestaltung der Sprachformung wollte Rudolf Steiner die Sprache als Medium für das heilige Wort hörbar werden lassen. Das hat dazu geführt, dass der Sprachgestalter die Vokale und Konsonanten jeweils ihrem Wesen nach sehr stark betont ausspricht. Für nüchterne Menschen unserer Zeit ist das schwierig zu ertragen. Man könnte eine gewisse Angst haben vor einem solch betonten Sprechen, weil es nicht mehr ‚normal' menschlich klingt. Man muss sich dann aber selbst zureden und zu verstehen versuchen, wie alles Geistige im Leben ausgerottet wird, wie dies durch Verflachung geschieht: es kann ja heute alles nicht gewöhnlich und einfältig genug sein. Der verflachte, einfältige Mensch bekommt eine Gänsehaut, wenn er die ‚anthroposophische' Sprache anhören muss. Dies wird verstärkt durch das verschwundene *Leben.* Nur wenn man sich trotz allem in einer so gesprochenen Sprache unbefangen bewegen will, kann man noch etwas von der ursprünglichen Größe erleben.

Die Eurythmie führt noch weiter in die Veräußerlichung der Anthroposophie. Hier wird auf der Bühne sichtbar gemacht, was das Wesen der Vokale und Konsonanten ist, wie sie beim Sprechen die Luft und die Sprachorgane in Bewegung bringen und was eigentlich im tieferen Sinn zum Ausdruck kommt. Eine Beschreibung von der Eurythmie ist eigentlich unmöglich, man muss sie sehen und erleben, dann wird unmittelbar klar, was sie ist. Daneben gibt es eine Ton-Eurythmie, wo nicht die Sprache, sondern die Musik sichtbar gemacht wird.

Man wird mir vorwerfen, dass ich diese Kunstform auch zur Mumie rechne, während es doch lebendige und wirklich *fähige* Künstler gibt, die diese Kunst noch immer ausüben. Das gilt eigentlich für die ganze Anthroposophie: Alles was sie seit 1925 an menschlichen Leistungen gebracht hat, ist doch etwas Lebendiges? Es haben sich doch zahllose gutmeinende und gutwollende Menschen angestrengt? Gegen die einzelnen Persönlichkeiten möchte ich gar nichts einwenden. Auch will ich nicht behaupten, es sei ohne einen auf Erden anwesenden Rudolf Steiner eine lebendige Anthroposophie unmöglich. Das Einzige, was ich hier betone, ist, dass es nicht gelungen ist, das sichtbare anthroposophische Gebäude, die ganze Anthroposophie, von innen heraus lebendig zu ‚begeistern', mit reinem Geist zu erfüllen. Wenn eine Eurythmistin ihre Aufgabe auch begeistert und fähig erfüllt, wenn der Leiter eines Eurythmie-Ensembles auch ein großer Künstler mit viel Verständnis ist – dadurch ist eine Aufführung noch keine anthroposophische. Es müsste Menschen geben, die ein innerlich erkraftetes reines Denken entwickelt haben – wodurch es erst ein freies Geistesleben und eine anthroposophische *Bewegung* geben würde –, die das auf Erden anwesende anthroposophische Gebilde auferstehen lassen könnten. Das brauchte nicht einmal diese Eurythmistin oder dieser Leiter des Ensembles zu sein. Es müsste aber anerkannte Geistesforscher geben, bei denen die Eurythmistin und der Leiter des Ensembles Rat finden könnten.

Es gibt jedoch solche Menschen nicht, und ich habe wirklich nie etwas anderes erlebt, als immer wieder nur den Einwand: ‚Es gibt auch andere Wege.' Nein, die gibt es *nicht!* Es gibt sie in der Religion, auf allen möglichen spirituellen Wegen, jedoch in der Anthroposophie gibt es sie nicht. ‚Aber es gibt doch sowohl ‚Die Philosophie der Freiheit', als auch z.B. ‚Wie erlangt man…'?' Das sind zwei verschiedene Zugänge zu *demselben* reinen Kraft-Denken. Die innerlichen Anstrengungen, die man machen muss, um zum reinen Denken zu gelangen, werden viel zu sehr unterschätzt. Es wird schnell gemeint, man habe etwas erreicht, während man erst einen Zehntelschritt gemacht hat. Dann aber kann man auch Rudolf Steiner nie in seiner Lebendigkeit erfassen, denn man formt sich keine hinreichenden Vorstellungen *seiner* ungeheuren innerlichen Aktivität – und meint gar, es ebenso gut oder noch besser zu wissen und zu können.

Die Tatsache, dass in der anthroposophischen Kunst, die *lebendig* sein sollte, gerade der Geist fehlt – weil es keinen Menschen gibt, der diesen Geist als Bewegung in sich trägt –, macht, dass diese Künste auf die gewöhnlichen Menschen abstoßend wirken, statt befeuernd, was Rudolf Steiner doch wirklich gehofft hatte. Die Anthroposophen selbst können mit der heutigen Eurythmie noch etwas anfangen, weil sie sich miteinander stark machen, weil sie sich gemeinsam einreden, es sei alles in bester Ordnung. Eurythmie war jedoch nicht dazu gedacht, nur für Anthroposophen aufgeführt zu werden. Sie sollte die Welt erobern. Die Welt *ist* aber schon geistlos, sie erträgt es nicht, tote Bilder des Geistes gereicht zu bekommen. Die Eurythmie erregt Schauder nicht wegen einer Furcht vor dem Geist, sondern wegen Furcht vor der Geistlosigkeit. Das sollten die führenden Anthroposophen einmal ernst nehmen!

Die christlichen Vorträge von Rudolf Steiner

Nach ‚Das Christentum als mystische Tatsache' hat Rudolf Steiner kein anderes Buch über das anthroposophische Christentum oder die christliche Anthroposophie geschrieben. Es liegen nur Vortragsnachschriften vor. Der Vortragende hat also immer eine bestimmte Gruppe von Menschen vor sich gehabt, er hat nicht – wie in einem Buch – für die ganze, große Welt geschrieben. Nur das kleine Buch ‚Die geistige Führung des Menschen und der Menschheit'[26] gibt einiges aus den Vorträgen wieder.

In den christlichen Vorträgen aber lernt man Rudolf Steiner in seiner tief christlichen Prägung kennen. Die stenographierten Texte, die mehr oder weniger wörtlich den gesprochenen Text wiedergeben, lassen den empfindsamen Leser spüren, wie das Gemüt von Rudolf Steiner innig und dankbar wurde, wie die Gedanken durch und durch fromm sich gestalteten, wie er sich diesem Wesen liebend ganz hingegeben hat. Mehr noch als der Inhalt und die Texte (die an sich schon erschütternd wirken) sollte diese Art des Sprechens uns beeindrucken. In den Zeilen kann man noch immer mitempfinden, wie das erkennende Geistig-Seelische von Rudolf Steiner sich verwandeln konnte in dasjenige, was er beim Sprechen darstellte. So ist die ganze Stimmung der Vorträge über das Lukas-Evangelium von Liebe und Mitleid, wie sie im Buddhismus entwickelt werden, durchdrungen. Die heilende Kraft dieser Liebe, dieses Mitleids, lebt in jeder Zeile. Wer dies einmal tief erlebt hat, könnte nie sagen, Rudolf Steiner habe Christus nur als Bild erfunden, um etwas ganz anderes auszudrükken (Sebastian Gronbach u.a.[27]).

In dem frühen christlichen Buch (‚Das Christentum als mystische Tatsache') ist diese Innigkeit noch nicht in dieser Art da, im gesprochenen Wort ab etwa 1907 wird sie tief erlebbar. Wenn man die geistlichen Lieder von Novalis erlebend liest, taucht man in das Christus-Erleben ein. Liest man die christlichen Vorträge von Rudolf Steiner, so geht das Empfinden noch weiter, denn man bekommt ungeahnte christliche Weisheit, *Erkenntnisse*, die jede nach Christus sich sehnende Seele tief befriedigen, neben Änderungen im Gemüt, die regelrecht zum Christus-*Erleben* hinführen. Wenn der Leser nur intensiv trachtet, sein Verstandesurteil unbefangen mitschwingen zu lassen, und gleichsam musikalisch in seiner Seele zu erleben, was sich dann erleben lässt, so hat er nicht nur seine Erkenntnisse erweitert, sondern vor allem sein Gemüt mit der realen Christuswesenheit erfüllt. Rudolf Steiner war nicht nur ein begabter Lehrer, er war ein Eingeweihter und imstande, die geistige Welt selbst erlebbar zu machen. In Wirklichkeit muss jeder Vortrag ein die Seele durchrüttelndes Ereignis gewesen sein – denn sogar in der abgekühlten Form der Niederschrift ist dieses Ereignis noch immer zu spüren, in die eigene Seele aufzunehmen.

Könnte ein Mensch, der so von Christus durchdrungen war, dass Er sogar durch Nachschriften erfahrbar wird, je solche a-christlichen Aussagen tun, wie sie ihm jetzt zur Last gelegt werden? Natürlich, wenn der Christus gar kein existierendes Wesen wäre, wenn diese Liebe und dieses Mitleid nie in dieser Form von einem göttlichen Wesen auf Erden ausgestrahlt worden wären, dann könnte Rudolf Steiner genau wie jeder andere zufällig auch einmal solche mitleidlosen und diskriminierenden Aussagen gemacht haben, wie man sie jetzt zu finden meint.[28]

Es bedarf eines tiefgründigen Denkens, eines differenzierten Denkens, eines beweglichen Denkens, um die wirkliche Bedeutung dieser Aussagen fassen zu können. Wenn man einige Zeilen, aus ihrem größeren Verband herausgelöst, mit dem groben Verstand beurteilt, fasst man die Bedeutung nicht. Man verbindet mit den Worten die Begriffe, die man selbst dabei hat, ohne sich ausführlich zu fragen, was dies alles *eigentlich bedeutet*, ohne die überempfindsamen ‚Trend-Meinungen' als einzigen Richter zu verwenden. Wenn ein zwanzigjähriger Junge *ein* graues Haar hat und man zieht es aus und gibt es einem anderen zur Beurteilung des Alters dieses Menschen, so wird er meinen, jener sei ein Greis. Genau das Gleiche aber tut man, wenn man Aussagen vereinzelt beurteilen will. Dass Nicht-Anthroposophen sich an solchen herausgerissenen Aussagen stören, ist leicht zu verstehen. Dass aber Menschen, die die Tragweite der Arbeit von Rudolf Steiner kennen, sich so ‚dumm' verhalten, ist absolut unverständlich.

Für sie müsste die liebevolle, mitleidende Art des Gründers der Anthroposophie doch eine immer noch erlebbare Tatsache sein. Und so müssten diese Aussagen, an denen man sich stößt, so tief wie möglich in das Licht des Ganzen gestellt werden, damit man auch anderen, die nicht so tief verstehen können, erzählen könnte, was eigentlich gemeint wurde. Denn man *kann* jede Aussage tatsächlich verstehen und zeigen, dass hier mit Menschenliebe gesprochen wurde. Man kann erklären, dass der einzelne Mensch so etwas nie auf sich beziehen darf, denn so war es nie gemeint. Wer sich jedoch endlich von diesem ‚Alles-Wisser' Rudolf Steiner befreien will, ergreift dankbar den Stock, mit dem er ihn endlich totschlagen kann – oder besser noch: er gibt Veranlassung, dass andere den Stock ergreifen und die Sache erledigen. Die Technik ist ja uralt, sie war bereits in der Zeit, in der Elia Prophet war, bekannt:[29]

Und sie schrieb Briefe unter Ahabs Namen und versiegelte sie mit seinem Siegel und sandte sie zu den Ältesten und Obersten in seiner Stadt, die um Naboth wohnten.
Und sie schrieb also in diesen Briefen: Laßt ein Fasten ausschreien und setzt Naboth obenan im Volk und stellt zwei lose Buben vor ihn, die da zeugen und sprechen: Du hast Gott und den König gelästert! und führt ihn hinaus und steinigt ihn, daß er sterbe.
Und die Ältesten und Obersten seiner Stadt, die in seiner Stadt wohnten, taten, wie ihnen Isebel entboten hatte, wie sie in den Briefen geschrieben hatte, die sie zu ihnen sandte, und ließen ein Fasten ausschreien und ließen Naboth obenan unter dem Volk sitzen.
Da kamen die zwei losen Buben und stellten sich vor ihn und zeugten wider Naboth vor dem Volk und sprachen: Naboth hat Gott und den König gelästert. Da führten sie ihn vor die Stadt hinaus und steinigten ihn, daß er starb.
Und sie entboten Isebel und ließen ihr sagen: Naboth ist gesteinigt und tot.
Da aber Isebel hörte, daß Naboth gesteinigt und tot war, sprach sie zu Ahab: Stehe auf und nimm ein den Weinberg Naboths, des Jesreeliten, welchen er sich weigerte dir um Geld zu geben; denn Naboth lebt nimmer, sondern ist tot.
Da Ahab hörte, daß Naboth tot war, stand er auf, daß er hinabginge zum Weinberge Naboths, des Jesreeliten, und ihn einnähme.
Aber das Wort des HERRN kam zu Elia, dem Thisbiter, und sprach:

Mache dich auf und gehe hinab, Ahab, dem König Israels, entgegen, der zu Samaria ist, siehe, er ist im Weinberge Naboths, dahin er ist hinabgegangen, daß er ihn einnehme, und rede mit ihm und sprich: So spricht der HERR: Du hast totgeschlagen, dazu auch in Besitz genommen. Und sollst mit ihm reden und sagen: So spricht der HERR: An der Stätte, da Hunde das Blut Naboths geleckt haben, sollen auch Hunde dein Blut lecken.
Und Ahab sprach zu Elia: Hast du mich gefunden, mein Feind? Er aber sprach: Ja, ich habe dich gefunden, darum daß du dich verkauft hast, nur Übles zu tun vor dem HERRN.
Siehe, ich will Unglück über dich bringen und deine Nachkommen wegnehmen und will von Ahab ausrotten, was männlich ist, den der verschlossen und übriggelassen ist in Israel, und will dein Haus machen wie das Haus Jerobeams, des Sohnes Nebats, und wie das Haus Baesas, des Sohnes Ahias, um des Reizens willen, durch das du mich erzürnt und Israel sündigen gemacht hast. Und über Isebel redete der HERR auch und sprach: Die Hunde sollen Isebel fressen an der Mauer Jesreels. Wer von Ahab stirbt in der Stadt, den sollen die Hunde fressen; und wer auf dem Felde stirbt, den sollen die Vögel unter dem Himmel fressen.
(1. Könige 21, 8-24)

Rudolf Steiner während des Ersten Weltkrieges

In den Jahren 1914-1918 tritt die Anthroposophie gleichsam wieder in sich selbst zurück. Es werden kaum esoterische Stunden gegeben, die Aufführung der Mysteriendramen wird aufgehalten, und es entsteht kein fünftes Drama mehr, wie es beabsichtigt war. Die Tätigkeit wird vor allem dem Bau des Goetheanums in Dornach gewidmet. In Vorträgen gedenkt Rudolf Steiner immer auch der Gefallenen auf dem Schlachtfeld, und inhaltlich geht er tief auf das Mysterium des Todes ein. Es werden zwei Bücher veröffentlicht, die darauf hinweisen, wie eine neue Verinnerlichung der Anthroposophie stattfindet.

'Von Seelenrätseln'[30] zeigt eine klare Erfassung der Dreigliederung des menschlichen Leibes und des Zusammenhanges mit der menschlichen Seele. Auch wird auf eine neue Art kurz der spirituelle Entwicklungsweg, wie er vom naturwissenschaftlichen Denken ausgeht, beschrieben. Man kann empfinden, wie hier aufs Neue angeknüpft wird an die frühen erkenntnistheoretischen Schriften. Während in der Zwischenzeit vor allem bei der Theosophie angeknüpft worden war und die rein christliche Form der Geisteswissenschaft als Anthroposophie sich entwickelte, so wirkt die Theosophie jetzt nur im Hintergrund, in ihren Früchten, weiter. Die innerliche Entwicklung, wie sie sich an die Philosophie der Freiheit anschließt, kommt dann in 'Vom Menschenrätsel' tief berührend noch einmal hervor.

Weil in der Kriegszeit nicht viel nach außen geschehen kann, tritt der Ur-Impuls der Anthroposophie noch einmal mit aller Kraft und Würde hervor. Was Rudolf Steiner in ‚Mein Lebensgang' schilderte, indem er die Entwicklung der Willensseite seines Erkennens betonte, die schließlich in der Begegnung mit Christus gipfelte, wird im Kapitel ‚Ausblicke' in ‚Vom Menschenrätsel' in klaren Worten ausgedrückt, so dass es verständlich wird, wie man selbst diesen Weg verfolgen kann. Wenn dieser ursprüngliche Impuls, der Fundament und geistige Erfüllung für die Anthroposophie hätte sein können, durch die Mitglieder aufgenommen worden wäre, hätte nie diese leblose Veräußerlichung entstehen können, die heute in eine Dissoziation zu geraten droht. Ich zitiere einen Teil dieses Kapitels, um in Steiners eigenen Worten auf den Grundnerv der anthroposophischen Tätigkeit hinzudeuten:[31]

‚Nun aber ist ein solches Erwachen durchaus möglich dadurch, dass man in innerem (seelischen) Erleben eine gewisse, von der gewöhnlichen abweichende Betätigung der Kräfte des Seelenwesens (Gedanken- und Willenserlebnisse) entwickelt. Der Hinweis darauf, dass mit der Idee von dem erwachten Bewusstsein in der Richtung weitergegangen wird, in der Goethes Weltanschauung sich bewegt, kann zeigen, dass das hier Vorgebrachte nichts mit Vorstellungen eines verworrenen Mystizismus zu tun haben will. Man kann sich in innerer Erkraftung so aus dem Zustand des gewöhnlichen Bewusstseins herausheben, dass man dabei ein ähnliches Erlebnis hat, wie beim Übergange vom Träumen zum wachen Vorstellen. Wer vom Träumen zum Wachen übergeht, der erfährt, wie der Wille eindringt in den Ablauf seiner Vorstellungen, während er im Träumen willenlos dem Ablauf der Bilder hingegeben ist. Was da durch unbewusste Vorgänge geschieht, kann auf einer anderen Stufe durch die bewusste Seelenverrichtung bewirkt werden. Der Mensch kann in das gewöhnliche bewusste Denken eine stärkere Willensentfaltung einführen, als in diesem im gewöhnlichen Erleben der phy-

sischen Welt vorhanden ist. Er kann dadurch vom Denken zum Erleben des Denkens übergehen. Im gewöhnlichen Bewusstsein wird nicht das Denken erlebt, sondern durch das Denken dasjenige, was gedacht wird. Es gibt nun eine innere Seelenarbeit, welche es allmählich dazu bringt, nicht in dem, was gedacht wird, sondern in der Tätigkeit des Denkens selbst zu leben. Ein Gedanke, der nicht einfach hingenommen wird aus dem gewöhnlichen Verlauf des Lebens, sondern der mit Willen in das Bewusstsein gerückt wird, um ihn in seiner Wesenheit als Gedanke zu erleben, löst in der Seele andere Kräfte los, als ein solcher, der durch auftretende äußere Eindrücke oder durch den gewöhnlichen Verlauf des Seelenlebens hervorgerufen wird. Und wenn die Seele in sich die im gewöhnlichen Leben doch nur in geringem Maße geübte Hingabe an den Gedanken als solchen immer erneut bewirkt – sich auf den Gedanken als Gedanken konzentriert –: dann entdeckt sie in sich Kräfte, die im gewöhnlichen Leben nicht angewendet werden, sondern gleichsam schlummernd (latent) bleiben. Es sind Kräfte, die nur im bewussten Anwenden entdeckt werden. Sie stimmen aber die Seele zu einem ohne ihre Entdeckung nicht vorhandenen Erleben. Die Gedanken erfüllen sich mit einem ihnen eigentümlichen Leben, das der Denkende (der Meditierende) verbunden fühlt mit seinem eigenen Seelenwesen. (Das hier gemeinte schauende Bewusstsein entsteht aus dem gewöhnlichen Wach-Bewusstsein nicht durch körperliche [physiologische] Vorgänge, wie das gewöhnliche Wachbewusstsein aus dem Traumbewusstsein. Beim Erwachen aus diesem in das Tagesbewusstsein hat man es mit einer sich verändernden Einstellung des Leibes im Verhältnis zur Wirklichkeit zu tun. Beim Erwachen aus dem gewöhnlichen Bewusstsein zum schauenden Bewusstsein mit einer sich verändernden Einstellung der geistig-seelischen Vorstellungsart im Verhältnis zu einer geistigen Welt.)

Es ist aber zu diesem Entdecken des Gedankenlebens die Aufwen-

dung bewussten Willens notwendig. Das kann aber auch nicht ohne weiteres der Wille sein, der im gewöhnlichen Bewusstsein zutage tritt. Auch der Wille muss in anderer Art und in anderer Richtung gewissermaßen eingestellt werden, als er eingestellt ist für das Erleben in dem bloßen Sinnesdasein. Im gewöhnlichen Leben fühlt man sich selbst im Mittelpunkte dessen, was man will, oder was man wünscht. Denn auch im Wünschen ist ein gleichsam angehaltener Wille wirksam. Der Wille strömt von dem Ich aus und taucht in das Begehren, in die Leibesbewegung, in die Handlung unter. Ein Wille in dieser Richtung ist unwirksam für das Erwachen der Seele aus dem gewöhnlichen Bewusstsein. Es gibt aber auch eine Willensrichtung, die in einem gewissen Sinne dieser entgegengesetzt ist. Es ist diejenige, welche wirksam ist, wenn man, ohne unmittelbaren Hinblick auf ein äußeres Ergebnis, das eigene Ich zu lenken sucht. In den Bemühungen, die man macht, um sein Denken zu einem sinngemäßen zu gestalten, sein Fühlen zu vervollkommnen, in allen Impulsen der Selbsterziehung äußert sich diese Willensrichtung. In einer allmählichen Steigerung der in dieser Richtung vorhandenen Willenskräfte liegt, was man braucht, um aus dem gewöhnlichen Bewusstsein heraus zu erwachen.'

Es wird klar, in welcher Weise der Philosoph über das Christentum Geistesforscher geworden ist. Man sieht in dieser Entwicklung gleichsam die Reihe der Inkarnationen: der Philosoph, der Heilige Philosoph, der Geistesforscher – mit äußerlich weniger bekannten Verkörperungen dazwischen.

Es ist nicht möglich – weil es jeder logischen Rechtfertigung widerspricht –, die ganze Fülle einer Individualität in der Gesamtheit ihrer Verkörperungen anzuerkennen und dann einen Teil der Früchte als wertlos, giftig oder faul wegzuwerfen. Wenn man die Früchte einer Persönlichkeit als *gut* erkannt hat, verweisen diese auf das Gute dieser Persönlichkeit. Umgekehrt ist es ebenso: Wenn man die Persönlichkeit kennengelernt hat, kann man nicht ohne weiteres die Früchte für wertlos erklären. Dies geschieht jedoch in unserer Zeit, weil das logische Denken nur noch auf ultrakurze Strecken bezogen wird. Wenn eine Gedankenreihe etwas länger wird oder wenn sie das Unberechenbare, das Nicht-Messbare umfasst, lässt das logische Denken los, und an seine Stelle tritt die persönliche Empfindung, der Geschmack usw.

Nach dem Ersten Weltkrieg

In Europa herrscht das Chaos. Chaos kann zu etwas Positivem verwendet werden, wenn es Boden für eine Befruchtung wird. Das politische und soziale Leben ist erschüttert, Sozialismus und Kommunismus könnten die Oberhand gewinnen.

Rudolf Steiner fasst seinen geistigen Impuls zusammen und legt ihn in eine neue Idee: Die Idee der Dreigliederung des sozialen Organismus. Die Dreigliederung wurde in ‚Von Seelenrätseln' bereits für den Menschen selbst ausgearbeitet, jetzt wird sie der Neugestaltung des sozialen und politischen Lebens zugrunde gelegt. Die Idee schließt an die Dreigliederung des Wahrspruchs der Französischen Revolution an: Freiheit, Gleichheit, Brüderlichkeit.

Das Geniale dieser Idee ist nun, dass diese drei nicht für alle Schichten des sozialen Lebens dieselbe Gültigkeit haben. Die Freiheit ist Kennzeichnen des Geisteslebens, die Gleichheit Kennzeichen des Rechtslebens, die Brüderlichkeit herrscht im ökonomischen Leben. Das ist das Ideal. Überall werden Vorträge gehalten, gerade auch für sozialistisch gesinnte Arbeiter. Begeisterung entsteht für diese Idee, aber die Organisatoren der Vorträge haben nun einmal ganz anderes vor. Vor allem wird Rudolf Steiner seines Idealismus wegen kritisiert. Es wird ihm nicht geglaubt, dass es möglich wäre, dass der nun einmal stark egoistische Mensch in einer so unegoistisch gedachten Gesellschaft leben könnte.

Hier tritt sehr deutlich Rudolf Steiners Geistesart hervor. Der ‚praktische' Mensch möchte immer das soziale und politische Leben *so* gestalten, dass es ‚realistisch' sei. Man geht von dem aus, was nun einmal vorhanden ist und was man zu erwarten hat, denn das ist ja ‚praktisch'. – Die Ideen eines Geistforschers, wie es Rudolf Steiner war, kommen jedoch nicht ‚von der Erde', sie kommen von ‚oben', aus der geistigen Welt. Und die auf Erden lebenden Menschen sollten dann versuchen, diese Ideen mit logischem Verständnis in sich aufzunehmen, ihr Gefühl damit zu begeistern, ihren Willen damit zu befeuern. Dann gestaltet die Idee die Erdenverhältnisse, nicht wird die Idee aus den irdischen Verhältnissen geschöpft. Rudolf Steiner wollte davon ausgehen, dass die Menschen seiner Zeit dieser Prüfung gewachsen wären. Selbstverständlich erwartete er keine vollkommene Ausgestaltung dieser Idee. Aber er wusste, dass die Idee realitätsgemäß geformt war und dass sie tatsächlich kraftvoll war – dass diese Kraft die Lage auf Erden wirklich ändern könnte.

Die Dreigliederung des sozialen Organismus konnte nicht verwirklicht werden, trotz allen Einsatzes von Rudolf Steiner und seinen Mitarbeitern. In unserer Zeit sollte man nicht einmal mehr versuchen, sie ohne weiteres zu verwirklichen. Wenn es *etwas* gibt, das sich gewaltig geändert hat, ist es das soziale und politische Leben und der darin gleichsam untergehende Mensch. Die drei Glieder – Geistesleben, Rechtsleben (Staat) und Wirtschaftsleben – sind viel stärker miteinander verwachsen, gleichsam untrennbar, als in der Zeit, in der Rudolf Steiner lebte. Das Wirtschaftsleben dirigiert den Staat und dieser dirigiert das Geistesleben. Eigentlich hat also das Wirtschaftsleben die Macht. Es könnte auch nicht anders gehen, denn nur starke Geisteskräfte schaffen ein freies Geistesleben, und diese Aufgabe ist gar nicht erfüllt – es war die Aufgabe für die Anthroposophen. Ein Geistesforscher müsste auftreten, der die Idee und die Ausgestaltung in für unsere

Zeit passender Form erfassen könnte. Nicht also mit dem bornierten Verstand oder an Hand tradierter Ideen, auch nicht, wenn diese ursprünglich von Rudolf Steiner kämen. Hier hat es wirklich Geltung, dass die Ideen von Rudolf Steiner nicht einfach in die heutige Zeit übertragen werden können.

Die Krankheit des heutigen Geisteslebens – wenn es dies überhaupt gibt – liegt im Fehlen des innerlichen Erlebens. Eine Eurythmie-Schülerin lernt die Vokale und Konsonanten vor allem erleben, indem sie die dazu gehörende Gebärde erlebt. Das ist aber ein Erleben von etwas Äußerlichem, wenn auch dieses Äußere ein Ausdruck des Geistigen ist. Der Nachdruck im Erlernen der Eurythmie sollte jedoch auf dem innerlichen Erleben der Vokale und Konsonanten liegen, und auf dem Erleben, wie ein solches Empfinden in eine äußere Gebärde gestaltet wird. Das wäre erst recht ein Eurythmisieren, wenn durch inneres Erleben dieses *selbst* äußerlich sichtbar würde. Ein Bewusstwerden der Form habe ich dies genannt.

So ist es mit allem in der Anthroposophie, ob es nun Philosophie, Religion, Kunst, Wissenschaft oder die soziale Frage betrifft. Das innerlich Erlebte sollte sich äußerlich gestalten. Dieses innerlich Erlebte muss jedoch mit der stärksten Geisteskraft hervorgebracht sein, sonst gibt es gar nichts, das gestaltet werden kann.

Wenn das Äußerliche jedoch Ausgangspunkt zur Gestaltung wird (auch wenn dieses Äußerliche ‚Anthroposophie' heißt) gliedert man sein Verhalten in die Gegenwartskrankheit ein. Im gewöhnlichen Leben gibt es genügend Möglichkeiten, das Äußerliche zu erleben und zu genießen. In der Anthroposophie muss die Bewegung völlig umgekehrt werden – sonst *gibt* es keine Bewegung, und man erkennt nur einen toten Rudolf Steiner.

Die Kunst des Goetheanums

Während der Kriegszeit wird auf dem Dornacher Hügel das Goetheanum erbaut. Der Architekt ist Rudolf Steiner; die Gestaltung im Inneren, auch die Malerei und Plastiken, die Glasmalerei, geschieht auf Anregungen von Rudolf Steiner. Die Anthroposophie, die Geheimwissenschaft, soll sichtbar werden und Hülle für die anthroposophische Tätigkeit werden.

Zentral in diesem Bau soll eine Statue stehen, eine großartige Gestalt, die *den Menschen* repräsentieren soll. Der Mensch, wie er zwischen Polaritäten sich halten muss, wird geschnitzt – aus Holz. Der Mensch, der es zustande bringt, die beiden Gegenmächte Luzifer und Ahriman (Teufel und Satan) im Gleichgewicht zu halten, wird dem Christus ähnlich. Diesen Menschheitsrepräsentanten kann man also als Christus-Statue empfinden. Die englische Bildhauerin Edith Maryon hat die Fertigkeit, diese Statue aus dem Holz zu schnitzen. Rudolf Steiner trägt die Idee, das Bild, die Gestalt, die Bedeutung in seinem Geiste, und durch die Hände Edith Maryons – oft schnitzt er aber auch selbst – erscheint diese Gestalt im Holz.

Das Christliche der Anthroposophie kann man durch diese Statue erleben. Auf manche Menschen wirkt sie abstoßend. Man stellt sich etwas viel Süßeres, Liebenswürdiges vor. Nicht diese kraftvolle, ernste Strenge, diese dezidierte Gebärde, diese furchtbaren Gestalten um den Menschen herum und auch hinter ihm. Trotzdem findet man hier im Erleben die echte Anthroposophie, und wenn man die Unbefangenheit im Gemüt erhalten kann, dringt die Gewalt der Christuserscheinung tief in das Erleben herein.

Dann fühlt man wiederum *auch* diesen Menschen, den Philosophen, den Heiligen Philosophen, den Geistesforscher, den Umgestalter der Welt. Man fühlt *den lebendigen Rudolf Steiner, für den der Name viel zu klein ist...*

Immer mehr ist Rudolf Steiner nach dem Krieg damit beschäftigt, die Geisteswissenschaft überzuführen in die Wissenschaften und in das Leben. Er wird vieles gefragt, die Fragen rufen gewaltige Einsichten hervor. Vieles, was der Nicht-Anthroposoph von der Anthroposophie weiß, stammt aus dieser Zeit.

Es entsteht eine anthroposophische Heilkunst, biodynamische Landwirtschaft, eine Erweiterung der Naturwissenschaft, eine Waldorfpädagogik. Und es entsteht eine Bewegung zur religiösen Erneuerung, die Christengemeinschaft. Alle diese Mitarbeiter bitten um Kurse, Vortragsreihen, Anleitungen, Hinweise. Die Mitgliederschaft wächst, international. Die Anthroposophie wird etwas, womit gerechnet werden muss.

Die Gegnerschaft wächst jedoch ebenfalls und gipfelt in einem Attentat: Das Goetheanum brennt fast vollständig ab (Sylvesternacht 1922/23). Die Christusstatue bleibt erhalten, weil sie noch nicht im Goetheanum an ihrer Stelle stand.

Es gibt eine Beschreibung dieser Nacht im Buch über Marie Steiner von Marie von Savitch. Die Beschreibung ist erschütternd. In ihr empfindet man die tiefe Tragik, die absolute Ohnmacht von Rudolf Steiner und seinen Freunden, die alles tun, was nur getan werden kann, um den Brand zu löschen – während das Feuer immer höher auflodert und jeder weiß, dass das Goetheanum hoffnungslos verloren ist. Ich zitiere hier eine andere Zeugin, Ita Wegman, die 1935 in ihrem Notizbuch ihre Erinnerungen niedergeschrieben hat:[32]

‚Dr. Steiner sah man überall, bald war er auf dem Gelände, das er in allen Richtungen durchlief, bald in der Schreinerei, immer mit tief traurig-ernster Miene ohne Aufregung, sich voll bewusst, was mit dieser Arbeit der Menschheit verloren gegangen ist. Dieser Bau war einzigartig und barg in seinen Formen und Bildern die ganze Welt- und Menschheitsentwicklung. Sich in ihm befinden bedeutete für jeden dafür Empfänglichen eine Anregung in den tiefsten Gründen seiner künstlerischen Schaffenskraft.
Dieses Gebäude war, durch die Formen, die es innerlich und äußerlich hatte, durch die Wand- und Deckenmalereien, durch die Glasfenster-Malereien, durch die Säulen, die von verschiedenen Holzarten waren, mit sinnvoller Plastik an den Kapitellen, ein Wahrzeichen für die Menschen, hauptsächlich für diejenigen Menschen, die verstehen konnten, was sie sahen.
In dem Gebäude waren verborgen, aber doch offenbar, weil jeder es sehen konnte, die Zeichen, die sprachen von den Geheimnissen der Vergangenheit, Gegenwart und Zukunft.
Deshalb ist es auch unvergesslich in den Seelen aller derjenigen, die das Glück gehabt haben, in ihm verweilen zu dürfen. In einer Nacht war eine zehn Jahre lange Arbeit zunichte gemacht. Dr. Steiner stand um acht Uhr morgens noch einmal vor den Trümmern des Gebäudes, das immer noch brannte und rauchte. Die meisten waren nach Hause gegangen, das Gelände war leer, während treue Seelen das Atelier wieder einräumten, die Schreinerei wieder einrichteten für die Arbeit.
Allein stand er da und sah die Zerstörung an. Ich wagte mich mit Demut an ihn heran und konnte nur die Worte sprechen, es ist schrecklich für uns. Ja, sagte er, jetzt ist alles im Weltenäther aufgeschrieben.' (Notizbuch 74.)

Zu Graf Polzer-Hoditz sagte Rudolf Steiner am nächsten Tag:[32]

> *‚Die Differenziertheit der Seelen ist zu groß. Wohl wollen sie alles sehen und hören und bei allem dabei sein, aber erwachen wollen sie nicht. So müssen sie an den Katastrophen und persönlichen Schmerzen wach werden. Hier waltet nicht Karma, sondern allein das Nicht-Wach-Sein der Mitglieder und der eben bis ins Physische wirkende Neid der Menschen. Die Möglichkeit war gegeben, unter uns den Raum des Wortes zu haben, aber der Raum des Wortes kann nur sein, wenn er seine Entsprechungen, sein lebendiges Abbild im Herzen, in der Wortgewissenhaftigkeit hat, das heißt, wenn der Mensch nicht allein zuhört, sondern Verantwortung tragen will und kann, als ein sich verantwortender Mensch vor dem ‚Wort der Welt'. Das war der Sinn des Baues: Wort und Antwort, Logos und Mensch.*
> *In Ephesos hatten wir das Inkarnationsgeheimnis des Wortes vor uns. Es mußte zerstört werden, weil sonst die Widersachermächte dort ein bedeutendes Zentrum ihrer Wirksamkeit hätten entfalten können, denn der Neid der Götter war bis in das Atmosphärische hinein wirksam. Hier aber ist es eine Umkehrung. Die Götter schauten erwartungsvoll auf den Raum des Wortes herab, aber die Menschen waren nicht da, die den Bau zu schützen vermochten. Es war eine Möglichkeit gegeben, aber die Antwort der Menschen blieb aus, allein der Neid war nicht stumm.'*
> *(Aus einem unveröffentlichten Tagebuch von Ludwig von Polzer-Hoditz)*

Am nächsten Tag wird aber die Vortragstätigkeit weitergeführt. Welch ein Mensch, der so etwas leisten kann. Sein sichtbares Lebenswerk liegt völlig in der Asche – und die

Arbeit wird sogar noch mit erhöhter Kraft weitergeführt.

Im Jahr 1923 jedoch hat Rudolf Steiner seinen Schülern, Mitarbeitern, seinen Nachfolgern viel vorgeworfen.[33] Klar spricht er aus, dass dieser Schicksalsschlag, die Brandstiftung, nie Erfolg hätte haben können, wenn die Mitglieder auf andere Weise mit der Anthroposophie gelebt hätten. Fehlende innere Aktivität; zu wenig Ernst im Beachten der ‚Begeisterung' der Gegner; eine sektiererische Tendenz in der Gesellschaft, das Bilden von Cliquen, einer Art Familie, die keine Außenstehenden zulässt; kein Interesse an dem, was in der Welt eigentlich vorgeht ... usw.

So weiterarbeiten, das geht nicht. Es muss die Wahl getroffen werden: Entweder Rudolf Steiner zieht sich mit einigen seiner engsten Nachfolger aus der Gesellschaft zurück und formt einen Orden; oder er löst die Gesellschaft auf, gründet eine neue und verbindet sich mit dieser als Vorsitzender (Rudolf Steiner war bisher nicht einmal Mitglied der Gesellschaft gewesen, weil er als Geistesforscher dies seiner Ansicht nach nicht sein sollte).

Dieses letztere geschieht. Die Gründung findet statt während der Weihnachtstagung 1923/24.

‚Das wissen wir doch alle!', ruft der Anthroposoph hier vielleicht aus. Das mag sein, aber es sollte sich jetzt nicht mehr um ein bloßes Wissen handeln. Das Wissen wird erfrischt, damit es wiederum einmal im Bewusstsein vorhanden ist. Es kommt jedoch jetzt darauf an, dieses umfängliche Wissen einmal so tief wie nur möglich zu *erleben*, als wäre das Wissen vollständig neu. Erst dann könnten wir hoffen, eine Ahnung vom Wesen dieses großartigen Meisters des Abendlandes zu bekommen. Erleben wir einmal tief, wie er mit seiner ganzen ungeheuren Geisteskraft das Leben auf Erden in seinen vielen Erscheinungen zu durchdringen versuchte. Eine unaufhaltsame Tätigkeit, die man sich kaum vorstellen kann, zeigt er uns. Hatte der Philosoph mit dem Denken versucht, die Erscheinungen der Welt zu fassen, jetzt trachtet der Geistesforscher nach einem tatsächlichen Hineinführen seiner Erkenntnisse in die Welt. Und kämpfen musste er mit ungeheuren Hemmnissen, die aus dieser Welt heraufkamen, ihm in den Weg gesetzt wurden. Das Verständnis der Mitglieder war ein mangelndes, fehlendes. Im äußeren Leben wird sichtbar, was der Geistesforscher schon lange zuvor in seinem Inneren zustande brachte: eine ungeheure, nie erlahmende Tätigkeit, die sogar da erst anfängt, wo alle natürliche Kraft erschöpft ist.

Es gibt ‚Anthroposophen', die meinen, man könnte Rudolf Steiner übertreffen durch einfaches Sitzen vor dem Computerbildschirm[34], um dann in eine glückselige All-Eins-Erfahrung zu geraten. Der ernste Mensch sollte sich davon einmal ein Bild machen und dies dem oben geschilderten Bilde gegenüberstellen. Dazu sind wir doch *Mensch*, um diese Unterschiede zu erleben und daraus die Wahrheit empfinden zu lernen.

Die Weihnachtstagung

Mit der Weihnachtstagung sehen wir noch einmal eine gewaltige Verinnerlichung auftreten, obwohl eine große äußere Gesellschaft neugegründet wird, was als eine Veräußerlichung erscheinen könnte. Es wird aber ein Grundstein gelegt, der Grundstein für das neue Goetheanum. Dieses muss nun aber nicht äußerlich errichtet werden – obwohl es auch äußerlich wieder aufgebaut werden wird –, sondern in den Herzen der Mitglieder. Eine sehr deutliche Aufforderung zur innerlichen Entwicklung ist es, die den Mitgliedern in diesem Grundstein, in Form eines Spruches, gereicht wurde.

Nun gibt es alle möglichen Spekulationen über die Weihnachtstagung und die Ereignisse danach. Eines ist jedoch absolut klar: Durch das Aufsichnehmen der Führung der Gesellschaft hat Rudolf Steiner sich damit verbunden. Dies wurde verwirklicht durch das Einfließen eines ‚esoterischen Zugs' in die Gesellschaft. War diese Gesellschaft vorher ‚nur' eine äußere Einrichtung, jetzt war sie selbst ein Esoterisches. Die lebendige Anthroposophie, wie sie in Rudolf Steiner sich darlebte, floss regelrecht in die Gesellschaft, weil er den Vorsitz auf sich nahm. Das darf man also nicht als nur äußerliche Maßnahme auffassen, sondern als eine magische Handlung, eine Weihung der Gesellschaft. Diese musste sich im Folgenden dieser Weihung wert zeigen. Wurde sie dieser gerecht oder nicht? Man kann ja nicht anders schließen als: *nicht*. Wenn der Geist sich mit einem Körper verbindet, sich ‚inkorporiert', so muss der Körper sich hingeben. Widersetzt er sich zu sehr, so muss der Geist sich zurückziehen.

Wie könnte man das völlige Versagen der körperlichen Kräfte von Rudolf Steiner am 24. September 1924 anders erklären, als dass er von der geistigen Welt zurückgerufen wurde oder sich selbst dahin zurückwandte? Bei jedem anderen Menschen könnte man meinen, er wäre einfach überlastet und übermüdet, dadurch erschöpft. Obwohl Rudolf Steiner selbst in Mitteilungen diese Erschöpfung als Grund für seine aussetzende Tätigkeit angab, muss man dies doch viel geistiger sehen, was er *auch* selbst klar angedeutet hat. Über den wirklichen Sachverhalt kann man deutliche Urteile nur formen, wenn man alle Berichte zusammennimmt.

In der Gesellschaft wurde damals viel über die Krankheit Rudolf Steiners spekuliert. Vor allem wurde geredet über die möglichen Folgen einer Vergiftung beim Rout (einem Empfang) am 1. Januar 1924. Rudolf Steiner veröffentlichte eine Erklärung, die das Gerede verstummen lassen sollte.[35] Darin gibt er deutlich an, dass seine Kräfte durch die zu der ungeheuren Vortragstätigkeit (*'Das alles konnte ich ganz gut machen, ich brauchte dabei nicht zu fürchten, dass die Kräfte versagen...'*) hinzukommenden Anforderungen aus den Mitgliederkreisen versagten. Er sieht dies als eine Schicksalsfügung und als etwas, das wieder vorübergehen wird. Dies ist die öffentliche Erklärung. Aus der Heilkunst wissen wir, dass die Hoffnung auf Besserung nie aufgegeben werden darf – erst mit dem Tod hört sie wirklich auf. Es gab nun aber auch eine andere Seite dieser öffentlichen Erklärung, eine mehr geistige. Und im Rückblick muss man darauf sehen wollen. Rudolf Steiner hatte während der Weihnachtstagung eine Weihe-Handlung verrichtet, und diese würde ihm alle nötigen Kräfte gespendet haben – wenn die Gesellschaft sich hingegeben hätte. Aus der Erschöpfung der Kräfte erweist sich, dass die Gesellschaft, die Mitglieder, die Probe nicht bestanden haben. Sie haben zu sehr gewöhnlich weitergemacht wie zuvor, haben die Lage nicht ernst genug genommen, die Situation unterschätzt. Die ‚anthroposophische Bewegung', der ‚esoterische Zug' ist bei Rudolf Steiner geblieben, die Schüler haben sie nicht von ihm übernommen, haben sich nicht zu dieser Kommunion im Geiste bereitgemacht. Das sind keine Spekulationen. Das intensive Miterleben der Tatsachen gibt einem die logische Rechtfertigung und die unmittelbare Evidenz dieses Vorgangs. Es kann gar nicht anders sein.

Nach dem 24. September bleibt noch eine Möglichkeit zur Besserung. Rudolf Steiner selbst behält die starke Hoffnung, er werde wieder gesund. Es hängt jedoch nicht mehr von ihm ab. Seine gewaltige Geisteskraft ist ja an die Gesellschaft hingegeben, steht ihm nicht mehr zur Selbst-Gesundung zu Verfügung. Er ist abhängig von der Tätigkeit, von der Haltung der Mitglieder in der Gesellschaft. Noch immer wird das ungenügend verstanden. Man hat ihn nicht groß genug gesehen, und *eben deshalb* nicht verstanden. Seine Frau Marie Steiner-von Sivers hat gerade *das* nach seinem Tode vorwurfsvoll betont: man hat ihn nicht groß genug gesehen! Wer seinen eigenen Geist nicht versteht, wehrt ihn ab, und er muss sich zurückziehen. Rudolf Steiner musste sich zurückziehen, und er starb am 30. März 1925. Damit starb die Anthroposophie, sie wurde ein Totes. Die anthroposophische Gesellschaft wurde ein Leichnam.

Hätten die heutigen Anthroposophen nur die Bescheidenheit, dies gründlich zu durchdenken, einzusehen und zu erleben. Dann träte man energisch für Rudolf Steiner ein, wenn er ungerecht angeklagt wird, denn er selbst kann nichts einwenden. Dann brauchte es auch kein Anfreunden mit anderen spirituellen Strömungen, diese würden vielmehr teils überflüssig, weil die Menschen, die nach wahrhaftiger Spiritualität hungern, sie in der Anthroposophie finden würden – statt zu Recht davon abgestoßen zu werden und sich weniger fruchtbaren Strömungen hingeben zu müssen.

Nun gibt es jedoch eine hartnäckige Ansicht, dass die mit der Weihnachtstagung begründete Allgemeine Anthroposophische Gesellschaft noch immer dieselbe Verbindung mit ihrem Gründer habe wie 1924. Es wird gesagt, Rudolf Steiner habe sein Karma mit dem Karma der Gesellschaft verbunden, und folglich müsse der Anthroposoph sich wohl verpflichtet fühlen, in Liebe für Rudolf Steiner sich dieser Gesellschaft hinzuopfern, ihr die Treue zu halten – was immer ihm da auch bevorstehen würde.

Im folgenden Kapitel wage ich den Versuch, in diese Frage und ihre Antwort einige Klarheit zu bringen.

Das Karma Rudolf Steiners im Zusammenhang mit dem Karma der Allgemeinen Anthroposophischen Gesellschaft

In Bezug auf die Anthroposophie gehöre ich zu den (vielen) ‚heimatlosen Seelen'. Seelen, die unmöglich in der Allgemeinen Anthroposophischen Gesellschaft ihre Heimat finden können, wenn sie auch jahrelang Mitglied gewesen sind oder noch immer sind. Wer den Geistesforscher als Geisteslehrer liebt, wer die Anthroposophie liebt, sucht in der AAG eine Heimat, aus furchtbarem Heimweh nach einer auf Erden realisierten Anthroposophie einerseits, aber aus ebenso intensiver Sehnsucht, selbst an dieser Realisierung mitzuarbeiten, andererseits. Es gibt Anthroposophen, die sich auf den ‚breiten Heerstraßen' der Gesellschaft zu Hause fühlen, die das ‚Familien-Gefühl' der Gruppenseele genießen können. Andere fühlen sich weniger wohl, aber können der Gesellschaft doch die Treue halten, weil sie irgendwo etwas Gemeinsames erleben.

Ich für mich habe nie so empfinden können. Ich kenne natürlich den Einwand, der unmittelbar gemacht wird: Das liegt nicht an uns, sondern an dir! Oder: Wir verstehen dich, aber du solltest der Gesellschaft treu bleiben, denn mit ihr hat Rudolf Steiner sich ja verbunden, er hat sein Karma mit dem Karma der bei der Weihnachtstagung gegründeten Allgemeinen Anthroposophischen Gesellschaft verbunden. Da dies eine so zwingende Aussage ist, muss ich etwas tiefer darauf eingehen.

Erstens möchte ich tiefer auf die Tatsache eingehen, dass ein Mensch, der sich so stark mit der Anthroposophie eins weiß wie ich, sich doch als eine heimatlose Seele fühlt. Danach werde ich eine geistige Untersuchung dieser immer wieder auftauchenden Behauptung durchführen, Rudolf Steiner sei noch immer gleichsam eins mit der Allgemeinen Anthroposophischen Gesellschaft.

Was bewirkt immer wieder dieses Gefühl der Heimatlosigkeit? Ich habe immer schon stark vom Geistigen her gelebt, auch in Zeiten, in denen ich mir dessen gar nicht bewusst war. Reines Denken war mir in allen Lebenssituationen ein starkes Bedürfnis, auch schon vor meiner ‚anthroposophischen Zeit'. Darauf traten mir die anthroposophischen Wahrheiten in ihren reinen Gestalten vor den Geist, vor die Seele, und ich konnte nicht anders, als sie gleichsam wie Formen des Geistesforschers selbst erleben. Gestaltungen seines Wesens, wohindurch die geistigen Wesen sich kundgeben konnten. Nie habe ich die anthroposophischen Zeilen anders erleben können, als zum Geistesforscher selbst gehörend. Mit anderen Worten: Denker und Gedanke waren für mich ein und dasselbe. Nicht, dass Rudolf Steiner nicht *mehr* als sein eigenes Wesen ausgesprochen hat, das hat er ja vorzüglich. Aber er lebte nicht von seinem Wort, von seinem Gedanken getrennt, er war eins damit. Alle anderen Schriftsteller und Vortragenden sprechen ‚über' etwas. Rudolf Steiner nicht, er lebt sich – und in sich die geistige Welt – in seinen Worten dar. Gießt sich nicht darin aus, sondern ist wirklich ein und dasselbe. Liest man eine Zeile, so hat man ihn selbst, zusammen mit dem gelesenen Inhalt, aufgenommen.

Dann aber betritt man den Raum, in welchem ein Mitgliederabend stattfinden soll, ein Vortrag gehalten werden soll. Die Worte, die erklingen, sind gleich, aber die im Geistigen erlebende Seele wird in sich zerrissen. Denn die

Seele sehnt sich nach dem geistigen Teil dieser Worte, findet aber nur Totes. Alles ist tot, von Geist und Seele verlassen. Die Menschen, die anwesend sind, haben zwar Seele und Geist, sie sprechen aber tote Worte. Warum tot? Weil sie leere Hülsen sind, diese Worte. Sie können sogar noch verstanden werden, die Begrifflichkeit ist noch da. Aber der Geist ist nicht darin, der hineingehört, der darin sein muss, hätte sein sollen. Welcher Geist ist nicht da? Derjenige Geist, der in den Büchern und Vortragsmitschriften Rudolf Steiners mit dem reinen eigenen Denken unmittelbar noch immer gefunden wird – er fehlt vollständig, sobald über Anthroposophie geredet, vorgetragen, geschrieben wird: der Geist des Geistesforschers selbst fehlt. Wenn man also mit geistgetragenem Erleben eine Zusammenkunft von Anthroposophen besucht, wird die Seele in sich zerrissen. Das vertraute Wort, das gerade *so* lebendig sein kann, ist gestorben, tot, tot, tot. Der Seele begegnet etwas, das sich vom ursprünglichen Geist vollständig gelöst hat und das ein eigenes Dasein ohne Leben hat. Andere geistige Wesen können dieses Etwas an sich reißen, das ganze Erbe treibt immer weiter vom ursprünglichen Geist ab und bekommt eine furchtbar verzerrte Gestalt.

Warum gibt es dann so viele zufriedene Mitglieder in der Allgemeinen Anthroposophischen Gesellschaft? Weil sie abstrakt aufnehmen, weil ihr eigener Geist gar nicht mitmacht; weil sie das reine Denken nicht entwickeln und gar nicht entwickeln wollen und sie deshalb nicht mit dem eigenen Willen, der eine geistige Tatsache ist – denn der Wille ist Geist –, dabei sind. Es sitzt nur eine Versammlung Köpfe im Saal, die allerlei Persönliches an dem erleben, was der Kopf denkt. Der Geist ist nicht dabei. Die Gedanken werden verwaltet, statt voll und ganz vom

Willen durchdrungen dargestellt. Es ist wie ein Marionettenspiel der Gedanken, in dem der Spieler den Hochmut besitzt, sich über die Puppen (Gedanken) zu stellen, statt sich voll in sie hineinzuleben, wie es der Schauspieler tut. Der Geist Rudolf Steiners ist nicht dabei. Wenn man mit dem Geist erleben will, kann man in dieser Gesellschaft nur sterben.

Wenn dann der eine oder andere kommt und sagt: ‚Du solltest Mitglied bleiben, denn Rudolf Steiner hat sich mit der Gesellschaft verbunden' – dann trifft das vollkommen an der Sache vorbei, denn die Zerrissenheit der tief erlebenden Seele kommt gerade von der *Abwesenheit dieses Geistes.*

Vom ersten Tag an war mir dies klar, obwohl ich es selbst noch nicht verstehen konnte. Ich konnte nur an etwas leiden, das ich als berechtigt erkannte, ohne genau zu wissen, was der Grund dieses Leidens war. Im Verlauf von Jahren ist der Grund mir klar bewusst geworden. Trotzdem blieb ich Mitglied, weil ich die Erkenntnis immer wieder bezweifeln wollte. Erst durch die Stellungnahme des Vorstandes in der Frage nach Rassismus oder Diskriminierendem im Werk Rudolf Steiners 1998 wurde der letzte Faden zwischen der Gesellschaft und Rudolf Steiner zerrissen: dieser Faden war das Vertrauen in den Meister.

Durch die oben beschriebenen Erlebnisse wird deutlich, dass Rudolf Steiner nicht mit der Allgemeinen Anthroposophischen Gesellschaft verbunden ist, er ist nicht da. Die Worte sind da, die wirklichen Gedanken sind es nicht mehr.

Mit der Weihnachtstagung 1923/24 hatte Rudolf Steiner

die Gesellschaft neu gegründet, er hatte den Vorsitz übernommen und hat seinen Geist mit seinen esoterischen Erkenntnissen in die Gesellschaft ausfließen lassen. Sicher hat er damit einen Schritt getan, der karmisch weiter wirkt. Dass er sich aber ‚für immer' mit dem Schicksal der AAG verbunden hätte, ist eine durch nichts begründete, die wahren Tatsachen verschleiernde Aussage. Sie wirkt wie ein Dogma, denn wenn man sein Leben nach einer Aussage richtet, die man nicht voll durchschauen kann, gehorcht man einem Dogma.

Nun bin ich mir sehr wohl bewusst, dass ich mit diesen Gedanken ein tief in der Gesellschaftsmeinung eingeprägtes Thema berühre, über welches viel gedacht, gesprochen, geschrieben worden ist. Hier möchte ich alle diese Tatsachen einfach vergessen und mich der Frage neu nähern. Ich kann nur hoffen, dass der Leser die folgenden Gedanken einmal mitdenken will.

Im Jahr zwischen dem Brand des Goetheanums und der Weihnachtstagung hat Rudolf Steiner überall über die Lage der Anthroposophie in der Welt, aber auch innerhalb der Gesellschaft, den Zweigen usw. gesprochen. Es wird daraus klar, dass er über diese Lage tief unglücklich war. Wenn man von allen Vorwürfen, die sich auf mehr Äußeres beziehen, absieht, dann bleibt *ein* sehr ernster Vorwurf übrig, nämlich derjenige, dass

> *‚es anfing, in dieser dritten Periode sich auszubilden, was ich nennen möchte eine innere Opposition gegen dasjenige, was ich selbst in der Anthroposophischen Gesellschaft zu tun habe, eine gewisse innere Opposition. Natürlich sind die meisten erstaunt, wenn ich von dieser inneren Opposition spreche, weil sie sich ih-*

rer nicht bewusst sind, viele wenigstens. Aber ich möchte sagen: um so schlimmer.[36]

Es hat sich also ereignet, dass es Mitgliederkreise gab, die anfingen, sich gegen Rudolf Steiner selbst zu wehren. Es mag deutlich sein, dass dies dem Sich-Wehren gegen die Anthroposophie entspricht, wie auch umgekehrt dasselbe gilt.

Dann wurden die Vorbereitungen zur Weihnachtstagung und zur Neugründung der Gesellschaft getroffen. Im November 1923 reiste Rudolf Steiner in die Niederlande und sagte zu Dr. Zeylmans von Emmichhoven (nach dem Wortlaut von Jan van Wettum):[37]

> *‚Was soll ich tun? Muss ich mit den Freunden, die mich wirklich verstehen, eine Art Orden bilden? Und mit diesem Orden mit großer Stoßkraft in der Welt wirken?' Dann konnte er seine Hände erheben und die Anzahl der Freunde, die ihn wirklich verstanden, war kleiner als die Anzahl erhobener Finger. ‚Oder muss ich so, mit dem Ganzen…' – es waren damals schon einige Tausend Mitglieder über die Welt verteilt – ‚…weitermachen?'*

Er hat dann das Letztere getan. Was hat diese Tat für eine Bedeutung?

Der einzige Mensch, der die Anthroposophie als ‚Bewegung' vertrat, war Rudolf Steiner selbst. Durch das Aufsichnehmen des Vorsitzes der neugegründeten Gesellschaft leitete er diese Bewegung – d.i. die reale Anthroposophie – in die Gesellschaft hinein. Damit hat er natürlich tatsächlich auch sich selbst hineingeführt, hat sich damit verbunden. Der Geist kann sich aber nicht ohne weiteres mit einer beliebigen Gesellschaft verbinden. Der Geist hat es immer nötig, sich durch ein Dazwischenliegendes hindurch zu begeben. Es muss etwas da sein, das Geist und Körper verbindet, auch wenn der Körper eine Gesellschaft ist. Der Geist braucht die richtige *Form.* Man kann dies ohne weiteres selbst überdenken und einsehen, man kann es aber auch noch mit einer Aussage von Rudolf Steiner selbst bestätigen:[38]

> *‚Es ist wahr, dass es auf den Geist einer Sache ankommt und nicht auf die Form. Aber so wie die Form ohne den Geist nichtig ist, so wäre der Geist tatenlos, wenn er sich nicht eine Form erschüfe.'*

Nun können Statuten nie eine Form für den Geist erschaffen, dies kann nur der richtige Gedanke in einem menschlichen Wesen oder einer Gruppe von Menschen. Es ist also der Gedanke, der die Form für den Geist bildet. Welcher Gedanke? Es kann nur der Grundstein sein. Der Grundstein war die Form, durch die der Geist Rudolf Steiners sich mit der Gesellschaft verbunden hat.

Dennoch genügt diese Form allein nicht, denn diese könnte auch nur irdisch, intellektuell sein. Es handelte sich hier ja um Anthroposophen, und diese sollten *wissen,* was in ihnen zum Geschehen wird, sonst hätten sie die Freiheit unbewusst aufgegeben. Also musste die Form in ihrer Bedeutung verstanden werden, ein *Bewusstwerden der Form und ihrer Bedeutung* war gefordert, um die Weihnachtstagung in ihrem Geschehen handhaben zu können. So allein wird die Form zur geistigen Kraft, die den Geist aufnehmen kann. Vor allem mussten die Vorstandsmitglieder dies in sich erzeugen. Der Grundstein war Vermittler für die Bewegung, konnte dies aber nur sein, wenn zuerst der Vorstand und dann eine genügend große Anzahl von

Mitgliedern sich dessen voll bewusst wäre. Wenn nicht, so musste der Geist sich zurückziehen. Dies hat er tun müssen.

Was bedeutet das?

Es ist nicht einmal so schwierig, zu begreifen, *was* die Mitglieder *eigentlich* versäumt haben. Man kann es meditativ erfassen, die Antwort liegt dem Fragen sehr nahe. Was nicht genügend stark gewesen ist, ist das volle Verständnis für die Individualität, die in Rudolf Steiner lebte. Man hat ihn *gar nicht* verstanden. Während der Weihnachtstagung hatte er in Vorträgen darauf hingedeutet, wer er war und was das bedeutete. Es gab einige Mitglieder, die verstanden, dass er über sich selbst und Ita Wegman sprach.

Die ‚innere Opposition' hat jedoch den Sieg davon getragen. Man hat nicht (bleibend) verstanden, mit wem man es eigentlich zu tun hatte, wie groß diese Individualität war, wie umfangreich ihre Aufgabe. Der Grundstein hätte mit diesem Bewusstsein verbunden sein müssen. Das war nicht so, und *es ist noch immer nicht so,* wie sehr auch der Vorstand den Glauben erwecken will, die Weihnachtstagung, der Grundsteinspruch und die Mantren der ersten Klasse der freien Hochschule für Geisteswissenschaft würden noch immer wirken.

Zuerst hatte es den Anschein, der Impuls der Weihnachtstagung sei aufgenommen worden. Am 26. April 1925 schreibt Ita Wegman:[39]

> *„...die Anthroposophische Gesellschaft, die ihre Mitglieder in großer Anzahl geschickt hatte zur Tagung, erfasste mit Sicherheit die Tragweite der Situation, begeisterte und erwärmte sich und stimmte zu, und viele, ja die meisten versprachen sich heilig,*

in diese neue Situation sich einzufinden und dem Meister mit erneuten Kräften, mit neuem Fühlen und Wollen zu dienen.

....

Es war in Paris, als er zum ersten Mal zu den dort anwesenden Mitgliedern, die nur in kleiner Anzahl sich dort versammelt hatten, diese so wichtige Botschaft mitteilen konnte, die Botschaft, dass der Strom der geistigen Offenbarungen nicht aufgehört hat zu fließen, und dass die geistigen Mächte mit noch größerem Wohlwollen als vorher die Anthroposophische Gesellschaft begnadet haben mit geistigem Gut.'

Und am 19. April 1925 (drei Wochen nach Rudolf Steiners Tod):[40]

‚Wir müssen nun die Zeit vorbereiten, dass ihm wieder eine irdische Aufgabe zuteil wird, und bald wird diese Zeit kommen. Wollen wir hoffen und stark sein und versuchen, aus der geistigen Welt seine Intentionen zu empfangen. Wir fühlen ihn unter uns, den wunderbarsten, den herrlichsten Menschen, den Gottesfreund.'

Es gab also wenigstens einen Menschen, der seine Individualität voll anerkannte.

Was bedeutete es aber für Rudolf Steiner selbst, dass er sich mit der Gesellschaft verband? Dies hatte natürlich nicht nur eine Wirkung von ihm zur Gesellschaft hin, die Wirkung war auch umgekehrt da. Die Form ist nicht zur geistigen Kraft geworden, und so konnte der Geist der Anthroposophie nicht bleibend herunterströmen, er wurde aufgehalten, zurückgestoßen. Schließlich musste er sich in seine Heimat, die geistige Welt zurückziehen.

Die damalige Gesellschaft, so wie sie war, hat als äußerliche Institution mit dem Karma von Rudolf Steiner selbstverständlich nichts zu tun. Diese Institution hat sich zwar bis jetzt erhalten, sie ist aber kein lebendiges Wesen, hat also in diesem Sinne auch kein Karma.* *Die Menschen* haben ein Karma, und das Streben dieser Menschen, insoweit es anthroposophisch ist, hat ein Karma.

Jeder Mensch, der sich im Sinne des Meisters des Abendlandes zum Bewusstsein der reinen Form erhebt, findet unmittelbar die Individualität dieses Meisters als Freund neben sich. Er fühlt das verbindende Karma. Die Form *muss* jedoch Kraft sein, sonst leitet sie den Geist nicht. Überall, wo ein Bewusstsein der Form der Anthroposophie – ein Gewahrwerden der reinen Form des Denkens – da ist, ist der Meister des Abendlandes da. Die Allgemeine Anthroposophische Gesellschaft entspricht jedoch in keinerlei Weise dieser Anforderung, denn mit dieser Anforderung hängt das volle Verständnis für die Individualität dieses Meisters, dieses Gottesfreundes zusammen. Hätte man in den achtziger Jahren vielleicht noch an einer Verbindung zwischen Meister und Gesellschaft ‚nur' zweifeln können, nach 1998 gibt es sie absolut nicht mehr. In den Niederlanden wurde eine Untersuchung auf ‚rassistische' und ‚diskriminierende' Aussagen in der Gesamtausgabe der Werke Rudolf Steiners durchgeführt, die dazu führte, dass 1998 der Vorstand öffentlich zugab, dass es diese Stellen tatsächlich gebe. Die Gesellschaft besteht aus Menschen, die als Führer nicht für die Würde des Meisters eingetreten sind und als Mitglieder dies alles einfach geschehen ließen und lassen. Ohne geistige Form existiert keine Verbindung zwischen der Gesellschaft und dem Meister.

---

* Siehe Zitat auf S. 114

Dies muss nun sehr verhängnisvoll sein für das geistige Wirken des Meisters, denn er kann nur da wirken, wo es Menschen gibt, die verstehen, was von ihnen gefordert wird.

Es geht nicht an, wie die katholische Kirche es für Christus tut, einfach dogmatisch zu verkünden, Rudolf Steiner hätte sein Karma mit dem der Gesellschaft verbunden. Wenn man nun aber die Geschichte der Gesellschaft nach Rudolf Steiners Tod studiert, wird es sogar unmöglich, diesem Dogma der karmischen Verbindung noch folgen zu können, sondern muss man wirklich den Schluss ziehen, dass Rudolf Steiner sich schon längst von der Gesellschaft abgewendet hat. Nicht von den individuellen Menschen!

Ita Wegman, 1934:[41]

‚Leider konnte diese Esoterik von den Menschen nicht verstanden werden. Es wurde alles so hingenommen, als ob es selbstverständlich war und als ob man ein Anrecht darauf hatte. Das Bedeutsame, das Neue, dafür hatte man, bis auf wenige Ausnahmen, wenig Sinn. Große Sorge war in Rudolf Steiner. Dies konnte nicht gut auslaufen. Und so wurde er auch krank. Wenn ein Eingeweihter krank wird, so unterliegt er anderen Gesetzen als ein gewöhnlicher Mensch. Aus sich selbst kann ein Eingeweihter nicht krank werden, auch nicht mehr durch sein Karma; das hat er hinter sich.'
Peter Selg: ‚Immer wieder hob Wegman in ihren Notizbucheintragungen hervor, dass es nötig sei, sich mit dem ‚Karma der Weihnachtstagung' auseinander zu setzen, mit ihrer Vorgeschichte, ihrer Wirkungsgestalt, aber auch mit ihrer finalen irdischen Zerstörung durch die zuletzt in Dornach vollzogene faktische Auflösung des Vorstandszusammenhanges in seiner

*karmischen Konfiguration. (‚**Wir müssen uns zu allererst klar sein, dass die Weihnachtstagung eigentlich kaputt ist, zugrunde gerichtet.**' *)'*

Und Marie Steiner schreibt 1944:[42]

„...Doch ist diese Weihnachtstagung zugleich mit einer unendlichen Tragik verbunden. Denn man kann nicht anders als sagen: Wir waren wohl berufen, aber nicht auserwählt. Wir sind dem Ruf nicht gewachsen gewesen. Die weitere Entwicklung hat es gezeigt.
Zunächst war jeder, der diese Tagung mitgemacht hat, über sich selbst wie hinausgehoben, in seinem Innersten durchwärmt und zugleich erschüttert. Aber ein Schicksal waltete über dem Ganzen, das in andern Daseinssphären hat ausgetragen werden müssen. Der Ausgang hat gezeigt, was es für Dr. Steiner bedeutet hat, unser Karma auf sich zu nehmen.
Darin liegt die tiefe Esoterik, die mit jener Opfertat verbunden ist. Nicht in der Deutung, die man gewöhnlich dem Worte ‚esoterischer Vorstand' gibt. Die tiefste Esoterik könnte darin bestehen, bisher divergierende frühere geistige Strömungen in einigen ihrer Repräsentanten jetzt zum harmonischen Ausgleich zu bringen. Das wäre eine esoterische Aufgabe gewesen, die im Zusammenwirken mit Dr. Steiner durch seine überragende Einsicht, Kraft und Liebefähigkeit hätte gelöst werden können. Aber unser menschliches und Gesellschaftskarma entlud sich auf ihn – und zwar unmittelbar nach Abschluss der Weihnachtstagung. Denn am letzten jener Tage, dem 1. Januar 1924, erkrankte er schwer und ganz plötzlich. Es war wie ein Schwerthieb, der sein Leben traf bei jener geselligen Zusammenkunft, die verbunden war mit einer Teebewirtung und dazugehörigen Zuta-

---

* Hervorhebung durch M.M.

ten, auf dem Programm als ‚Rout' verzeichnet. Trotzdem ist er bis zum 28. September, dem Tage, da er zum letzten Male zu uns sprach, unausgesetzt und bis zum Übermaß tätig gewesen. Seine schwindenden physischen Kräfte wurden von geistigem Feuer genährt und getragen und wuchsen über sich selbst hinaus. Zuletzt aber, nach den übermenschlichen Leistungen des Septembermonats, verzehrte die Macht dieser inneren Flamme auch ihn.

In diesem tragischen Licht steht die Weihnachtstagung für den, der die Möglichkeit hat, die Geschehnisse zu überschauen. Von der Schwere und dem Leide dieses Geschehens haben wir nicht das Recht, unsere Gedanken abzuwenden. Denn aus dem Leide kommt die Erkenntnis – aus dem Schmerze wird sie geboren. Und dieser Schmerz muss uns dazu führen, mit um so stärkerem Wollen unsere Aufgaben zu erfassen.'

Wenn die geistige anthroposophische Bewegung – getragen von Rudolf Steiner als Individualität – mit der Gesellschaft verbunden hätte bleiben sollen, dann wäre es notwendig gewesen, dass diese Gesellschaft selbst ein Zusammenklang von Menschen gewesen wäre, der diese Verbindung ermöglicht hätte. Man muss sich das doch einmal klar vor die Seele stellen. Wenn die Gesellschaft geführt wird durch einen esoterischen Vorstand, d.h., dass dieser es ermöglichen soll, dass der Geist einfließt, dann muss dieser Vorstand etwas Einheitliches sein. Nicht Gleichheit oder Gleichförmigkeit muss herrschen, sondern harmonischer Zusammenklang, auch wenn dieser von Dissonanzen unterbrochen wird – das wäre unter Menschen ja nicht zu vermeiden. Wenn dieser Vorstand, der ein Tor für den Geist sein sollte, sich untereinander so hasserfüllt verhalten hat, wie es nun einmal tatsächlich geschehen ist, kann man doch nicht mehr ernsthaft meinen, der esoterische Zug sei noch immer da, Rudolf Steiner sei noch immer mit der Gesellschaft verbunden?

Eine Gesellschaft ist etwas, das aus Individualitäten besteht, *dadurch* ist sie ein Organismus, nicht durch etwas anderes. Ist sie ein Zusammenhängendes durch etwas anderes als die freien Individualitäten, dann ist sie eine Sekte. Im Jahre 1923, in der Vorbereitungszeit für die Gründung einer neuen Gesellschaft, sagt Rudolf Steiner dazu:[43]

> *‚Was nützt es denn, wenn wir den Leuten immer wieder und wiederum sagen, wir seien keine Sekte, wenn wir uns so verhalten, wie wenn wir eine Sekte wären. Denn, sehen Sie, was vor allem verstanden werden sollte durch die Mitglieder der Anthroposophischen Gesellschaft, das ist die Bedingung einer Gesellschaft überhaupt in der modernen Zeit. Eine Gesellschaft kann gar nicht eine Sekte sein. Daher darf eigentlich niemals, wenn die Anthroposophische Gesellschaft auf ihrem richtigen Boden stehen soll, das ‚wir' mit Bezug auf die Anschauungen eine Rolle spielen. Immer wieder und wiederum hört man von Anthroposophen der Außenwelt gegenüber sagen: Wir, die Gesellschaft, haben diese oder jene Anschauung. Mit uns geschieht das oder jenes. Wir wollen dies oder jenes. – Das war in alten Zeiten möglich, dass in einer solchen Konformität Gesellschaften vor die Welt sich hinstellten. Das ist in unserer Zeit nicht mehr möglich. In unserer Zeit muss gerade innerhalb einer solchen Gesellschaft jeder einzelne Mensch ein wirklich freier Mensch sein. Anschauungen, Gedanken, Meinungen hat nur jeder einzelne. Die Gesellschaft hat keine Meinung. Und das muss schon im sprachlichen Ausdruck, mit dem der einzelne von der Gesellschaft spricht, zum Ausdruck kommen. Das ‚wir' muss eigentlich schwinden.'*

Er hatte aber zuvor Folgendes gesagt, und das muss mit

Obigem zusammengedacht werden:[44]

‚Daran muss vor allen Dingen gearbeitet werden, für sich selber auf den verschiedenen Gebieten die Fundamente zu schaffen, diese aber wirklich aus dem Zentrum der Anthroposophie heraus zu schaffen, aus den zentralen Quellen heraus zu arbeiten.

Und wenn dann nach dem Kriege versucht worden ist, allerlei praktische Lebensaufgaben, Weltaufgaben zu ergreifen, so handelte es sich wieder darum, alles aus dem Kern des Anthroposophischen heraus zu gestalten und einzusehen, dass es nun gerade mit solchen praktischen Lebensaufgaben am allerwenigsten möglich ist, auf irgendwelche Kompromisse zu rechnen. Einzig und allein darum kann es sich handeln, dasjenige der Welt zu sagen, was aus dem anthroposophischen Zentrum heraus zu sagen ist, und dann zu warten, wie viele Menschen ein Verständnis dafür haben.'

Diese Ansichten haben sich natürlich nicht durch die Weihnachtstagung geändert, sie sollten gerade seit dieser Zeit erst recht grundlegend sein. Einerseits wird also gefordert, rein aus dem anthroposophischen Zentrum heraus zu arbeiten, ohne Kompromisse, d.h. aus einem Bewusstsein der reinen anthroposophischen Form. Andererseits ist die Gesellschaft eine Anzahl freier Individualitäten. In dieses Spannungsfeld sollte der esoterische Zug einströmen.

Nach dem Tode des Meisters wurden beide Grundsätze verloren. Die reine Form konnte nicht gehandhabt werden, weil sie ungenügend erkannt, verstanden und bewusst war. Die Freiheit wurde sogar unter den Vorstandsmitgliedern völlig vergessen.

Es ist vor kurzem ein Buch von Erdmuth Johannes Grosse erschienen, ‚Das Rätsel des Urvorstandes'.[45] In diesem

Buch werden die Konflikte ausgiebig beschrieben. Der Verfasser selbst kommt am Ende des Buches zu einem milden Urteil über die Fehler, die Unvollkommenheiten der Mitglieder des ‚Urvorstandes'. Es ist natürlich schön, das so zu erleben – aber erschwert es einmal mehr, einzusehen, dass es eine totale Vernichtung des Weihnachtstagungsimpulses gegeben hat. Wer die Schuld trägt, ist nicht unsere Sache. Ein Urteil darüber können wir ruhig den göttlichen Mächten überlassen, gleich ob es mild oder hart gewesen ist oder noch immer ist. Was wir aber selbst einsehen sollten, ist, dass der Geist der Anthroposophie nicht in der Gesellschaft ist, nicht da sein kann, weil er nicht leben kann, weil es dafür keine Bedingungen gibt. Wer in sich die reine Form der Anthroposophie erschaffen hat, wird dies selbst erleben können. Sie kann in der Gesellschaft nicht leben, wird nicht geduldet. Die notwendige Lebensluft ist gar nicht da. Man weicht ihr aus, oder stellt sich ihr wütend entgegen; nie wird sie empfangen, sie darf nicht einmal bei ihrem Namen genannt werden. In der Gesellschaft ist nichts anwesend, das dieser Form entspricht.

Das hat dazu geführt, dass auch der Grundsteinspruch und die Klassenstunden nicht mehr als Meditationsinhalte verwendet werden können. Als Erkenntnisinhalt sind sie noch immer wertvoll und werden es auch bleiben. Als Mantren sind sie nicht nur unwirksam – davor hatte der Meister selbst schon genügend gewarnt: ein Bekanntwerden der Sprüche außerhalb der Hochschule würde diese unwirksam machen –, sondern sind sie sogar schädlich für das gesunde Seelenleben. Nur vom abstrakten Denken her könnte man meinen, diese Mantren wären nur Wörter. Sie sind dies nicht nur. Aller Streit, alle Konkurrenz, das ganze Machtstreben, das in den Klassenlesern und den Mitgliedern der Hochschule damals lebte, jetzt noch immer lebt, ist in sie hineingetragen worden, ist hineingeflossen. Sie sind von schädlicher Astralität überladen, und wer den Geist in sich erweckt hat, der erlebt es und schaut es letztlich.

Ich weiß, dass ich hiermit etwas Furchtbares sage, aber die Wahrheit kann ja furchtbar sein. Wer diese Wahrheit selbst erleben will, muss einmal gründlich die ‚Denkschrift' studieren und dann damit zusammendenken, dass mit der Gesinnung, die diese Denkschrift möglich gemacht hat, Klassenstunden gelesen worden sind. Über diese Denkschrift[46] schreibt J. Zeylmans:

> *‚Das Buch [die Denkschrift] und die Wirkung, die es am 14. April 1935 zeitigte, nämlich die Begründung für den Ausschluss von etwa zweitausend Mitgliedern aus der Allgemeinen Anthroposophischen Gesellschaft, bilden seitdem in der Geschichtsschreibung dieser Gesellschaft ein Tabu.'*

Man kann auch versuchen, die Wirkung des Meditierens der Klassenstunden tief zu erleben. Man wird sich dann selbst bewusst werden können, wie man in Prozesse der Anti-Anthroposophie hineinkommt, wie es unmöglich ist, die reine Form zwischen allen dämonischen Wirkungen zu finden, wie diese wie Gift wirken.

Abstrakt kann man natürlich sehr wohl für die ‚wunderbaren' Klassenstunden schwärmen. Wenn das Denken jedoch *lebt,* kann man sich nur in tiefstem Ernst auf das Erlebte besinnen und seine Konsequenzen daraus ziehen.

Zusammenfassend möchte ich sagen: Jeder Mensch, der in der Anthroposophie etwas Berechtigtes sieht, sollte sich auf die Individualität des Begründers besinnen, auf Rudolf Steiner. Dann muss er erleben lernen, dass das, was er selbst in der Anthroposophie verrichtet, ob es nun Erkenntnis oder Handlung oder Erleben oder Liebe ist, auf den Meister einwirkt. Es macht nichts aus, ob er Mitglied einer Gesellschaft ist oder nicht, dies ist absolut bedeutungslos. Es ist die Verbindung mit der Anthroposophie, auf die es ankommt. Sie verbindet das Karma dieses Menschen mit dem des Meisters des Abendlandes. Und wir alle sollten uns tief in die Seele schreiben, dass unsere Erkenntnisse, unser Erleben, unser Handeln, unsere Liebe auf das Karma des Meisters zurückwirken. Dass ein jeder sich diejenige Stelle suche, wo er am reinsten arbeiten kann, wo er sich in der Liebe üben kann, auf dass der Meister als Lehrer zurückkommen kann und uns eine neue esoterische Gesellschaft gründen wird! So wird auch jetzt eine Vereinigung erstehen, weil wir zusammen streben – auch wenn wir uns nie begegnen!

Ich schließe meine Betrachtung mit Worten Ita Wegmans[47], nicht weil ich in dem Streit ihre Seite gewählt hätte, sondern weil ich in ihren Worten genau wiederfinde, was ich selbst tagtäglich während meiner vierzehnjährigen Mitgliedschaft in der Gesellschaft erlebt habe.

> *‚Alle alten Formen, auch die allerletzte Form für die Anthroposophie, sind gründlich kaputt gemacht, und mir kommt es jetzt so vor, als ob man nicht mehr eine Form für das Leben der Anthroposophie zu suchen hat, sondern dass jeder Mensch selber die Form ist, mit der sich Anthroposophie vereinen will. Wo dieses geschehen ist, werden Menschen sich finden und sich vereinen, um ein Glied zu werden des wahren Geistvereins. Die Gesellschaft ist nicht mehr nötig, weil die Anthroposophie schon auf Erden ist. Auf den einzelnen Menschen kommt es jetzt an und*

die müssen dann zusammen bilden aus ihrer Entwicklung heraus einen höheren Verein, der seine Wurzeln hat in der geistigen Welt. Jede individualistische Entwicklung ist hiermit bewahrt, jede Freiheit des einzelnen Menschen und aus der Einsicht des einzelnen Menschen heraus fühlt er sich mit diesem Geistverein oder Michaelschule verbunden. So hat es mir in meinem Innern geklungen. Auf mein eigenes Darinnenstehen in diesem Impuls, darauf kommt es an. Das andere richtet sich von selbst.'

Dass die geistige Wahrnehmung, Rudolf Steiner habe den esoterischen Zug mit zurück in die geistige Welt genommen, weil er durch die Mitglieder ungenügend aufgenommen worden war, der Wirklichkeit entspricht, zeigt sich in den Geschehnissen nach Rudolf Steiners Tod.

Hätten die führenden Anthroposophen, die Vorstandsmitglieder, den esoterischen Zug wirklich in sich getragen, so hätte es nie zu dieser völligen Auflösung kommen können, zu der es eben gekommen ist. Die äußeren Verhältnisse, die Charakteranlagen, die Überzeugungen usw. können unterschiedlich sein. Wenn jedoch dieser esoterische Zug in jene Persönlichkeiten eingezogen wäre, so hätte er sie tief und gründlich miteinander verbunden. Er war aber ausgezogen, und so war auch der Vorstand ein Leichnam geworden, den natürlichen dissoziierenden Kräften unterworfen. Das sind auseinandertreibende Kräfte, die ungeheuer stark sind. Und so geschah, was geschehen musste: der Vorstand löste sich auf, unter Freiwerdung unterschiedlicher Astralität.

Ita Wegman war dem esoterischen Zug am nächsten, sie hatte eine tiefe Überzeugung, dass Rudolf Steiner sich noch immer um sein Werk auf Erden kümmerte. Er hätte jedoch auch aus der geistigen Welt nur eingreifen können, wenn man letztendlich doch innerlich aktiv geworden wäre. Aber die Menschen strebten ins Äußerliche, sie wollten die Anthroposophie als Erscheinung auf Erden beibehalten und wollten die Gesellschaft als Institution handhaben. Verloren wurde immer mehr und mehr das innere Leben. Man hat dies nicht einmal bemerkt, auch heute will man es noch immer nicht wahrhaben.

Was wir heute als Anthroposophie haben, ist ein totes Gebilde, eine Mumie. Sie gleicht ihrer lebendigen Seite äußerlich vollkommen, ist aber unwirksam. Die Gesellschaft ist ein Leichnam, nur eine äußere Institution zur Erhaltung des toten Gebildes – und scheinbar immer mehr zu dessen Vernichtung. Es gibt keine anthroposophische Bewegung, es gibt keinen Rudolf Steiner als Initiator.

ZWEITER TEIL

Wie findet man eine Beziehung zum lebendigen Rudolf Steiner?

Für uns Menschen des materialistischen Zeitalters wird es schwierig, an das nicht-sinnliche Dasein zu glauben – weil wir es eben nicht mit unseren Sinnen wahrnehmen können. Dasjenige, was uns durch unsere Sinne gegeben ist, hat für uns Gewissheit. Im Übrigen haben wir zwar die Logik, die uns – bei tieferem Nachsinnen – beweisen kann, dass es auch Über- und Untersinnliches gibt, doch wir halten die Logik nicht in derselben Weise für das Dasein beweisend wie unsere sinnliche Wahrnehmung. ‚Die Sinne trügen nicht, nur das Urteil trügt', sagt der weise Goethe. Das ist wahr. Wenn aber der Verstand sich in rein logischen Zusammenhängen bewegt, irrt er ebensowenig wie die Sinne. Denn er bewegt sich dann auch in einem ‚Sinn', im logischen Begriffs-Sinn. Da gibt es keinen Zweifel mehr, da gibt es reines Denken. Dieses jedoch muss der Mensch sich zuerst erobern – und wer macht sich diese Mühe, oder sieht wenigstens ein, dass er sich die Mühe machen sollte?

Das aber ist zugleich die größte Tragik des Todes. Der Geliebte hinterlässt seinen Körper auf Erden, der aber schnell verfällt. Er selbst ist nicht mehr sinnlich wahrnehmbar, und für uns, die wir zurückgeblieben sind, ist er also nicht mehr real existierend. Es mag logisch völlig sicher sein, dass er noch da sein muss, in unserem Gefühl können wir ihn vielleicht noch spüren – aber dies gibt nicht die Gewissheit des Daseins, die die sinnliche Wahrnehmung uns verlieh.

Völker, die nicht so im materialistischen Verstand eingesperrt sind, haben ein anderes Verhältnis zum Tode. Da gibt es ebenfalls Trauer um den irdischen Verlust, zugleich aber kann die Befreiung aus dem Körper auch gefeiert werden und ist der Gestorbene nicht so völlig aus dem Dasein verschwunden.

‚Der Tod als Lebenswandlung' sagte Rudolf Steiner. Er ist selbst schon längst gestorben, und die Frage entsteht: Gibt es eine Möglichkeit, mit dem real existierenden Rudolf Steiner in eine Beziehung zu kommen? Ohne sich in Phantasien zu verlieren, also unter Beibehaltung der Gewissheit? Diese Frage gilt natürlich für die Beziehung zu jedem Verstorbenen – aber sie bekommt in Hinsicht auf Rudolf Steiner doch eine andere Bedeutung.

Wenn der Mensch kein Hellseher ist und er möchte trotzdem in wahrhaftiger Weise Fühlung bekommen mit dieser Individualität, die in der letzten Verkörperung den Namen Rudolf Steiner trug, so muss er zuerst gründlich die Bekanntschaft mit dieser Individualität machen, wie sie in der vergangenen Inkarnation *geistig* war. Das kann man mit seiner Familie, mit Freunden, Bekannten nicht so machen, denn der *geistige* Teil dieser Menschen verbirgt sich viel mehr, ist in das alltägliche Leben untergegangen.

Ein Mensch wie Rudolf Steiner gibt einem diese Möglichkeit. Im ersten Teil habe ich versucht, eine kurze Zusammenfassung dieser Bekanntschaft zu geben. Sie ruht auf der Veröffentlichung der Schriften und Vorträge. In gewissem Sinne hat man nach dem Studium dieser Werke die Bekanntschaft ausführlich gemacht. Hat man da aber auch wirklich das *Wesen* dieses Menschen gefunden? Man hat die Errungenschaften dieses Wesens gefunden, dasjenige, was so großartig auf dem Fundament dieses Wesens aufgebaut ist, was sich durch ihn hindurch offenbart hat.

Aber das Wesen selbst? Hat man es auch nur in geringster Weise erkannt? Namen helfen hier nichts, das Wesen trägt einen Namen, der in der irdischen Welt nicht (mehr) genannt werden kann. Wir können darüber spekulieren, aber nur ein schauendes Bewusstsein könnte die Wahrheit finden.

Das reine Denken kann hier auch nicht helfen, denn es hat noch nicht die Möglichkeit, rein Geistiges außerhalb seiner selbst zu erkennen. Was man aber tun kann, ist, mit dem reinen Denken der Anweisung zu folgen, die Rudolf Steiner in ‚Von Seelenrätseln'[48] am Anfang des Buches gibt. Diese Anweisung gibt eine Lektion in der Wahrhaftigkeit. Das reine Denken stellt sich innerlich stark eine Frage ... und erlebt die tiefgreifende Ohnmacht, dass es auf keinerlei Weise eine Antwort geben oder bekommen kann. In diesem Fall fragt das reine Denken nach dem Wesen von Rudolf Steiner – und findet gar nichts. Was es jedoch findet, ist die Ohnmacht, und sie führt die reine Seele an das Grenzufer ihres Daseins, wo sie jetzt in ihrer Ohnmacht verharren soll. Das ist Kontemplation, ein ohnmächtiges Ringen am Abgrund der eigenen Seelengrenze.

Und dort kommt dann letztlich doch eine Art Antwort. Die Antwort kann vorläufig erst nur zusammengestellt sein aus dem, was der eigene Geist schon an Erkenntnissen gesammelt hat. Nichts ‚Neues' enthält die Antwort, nur die Art und die Form sind neu. Die Erkenntnisse gliedern sich originell, unerwartet, und man weiß mit einer Gewissheit, die der sinnlichen Gewissheit gleichkommt: Hier kleidet sich die Antwort in das Gewand meiner bereits errungenen Erkenntnisse.

In diesem Fall: Hier ist es das ureigene Wesen dieser Individualität, die Rudolf Steiner war, das die Antwort gibt. Es kann jedoch nur sprechen durch bereits vorhandene

Begriffe.

Die Frage nach dem Wesen Rudolf Steiners ist die Frage nach dem Faden, der sich durch alle Verkörperungen dieser Individualität hindurchzieht, der nie abreißt; der immer wieder die Grundlage der irdischen Tätigkeit formt; der sich zwar verwandelt in eine der Zeit entsprechenden Form; der aber trotzdem unwandelbar ist; der mit sinnlichen Augen und mit kombinierendem Verstand nicht zu finden ist, weil man sich hoffnungslos in alle äußerlichen Fäden verstrickt.

Eine Essenz hat das Wesen des Menschen – und diese Essenz ist bei jedem Menschen verschieden. Diese Essenz, die sich als Faden durch die Verkörperungen hindurchwindet, die auch zwischen Tod und neuer Geburt Leitstern ist, weist immer wieder nach dem Wesen, ist Grundnerv dieses Wesens, tiefstes Streben und zugleich auch ewige Aufgabe. Und sie wird tatsächlich *ausgesprochen*, wenn es sich um eine solche meisterhafte Persönlichkeit wie Rudolf Steiner handelt. Wenn der Forscher nun dieses Ausgesprochene bereits kennt, ohne es in dieser Beziehung bereits so klar und bedeutungsvoll gesehen zu haben, fügt es sich in der wahrhaftigen Ohnmacht zu einer Antwort zusammen.

Der Philosoph hat gesagt:[49]

‚Folglich denkt der göttliche Geist sich selbst, wenn er das Vollkommenste ist, und seine Denktätigkeit besteht im Denken des Denkens. Nun richtet sich aber augenscheinlich die Wissenschaft, die sinnliche Wahrnehmung, der Glaube, die Überlegung in der Regel auf etwas anderes und nur ausnahmsweise auf sich selbst. Wenn aber Denken und Gedachtwerden zweierlei sind, so fragt es sich, worin bei der Gottheit ihre Vollkommenheit liegt, in

ihrem Denken oder in dessen Gegenstand? Denn beides ist nicht dasselbe. Ist jedoch nicht in einigen Fächern die Wissenschaft ihr eigener Gegenstand? Bei den schaffenden Wissenschaften ist es, abgesehen von der Materie, die Substanz und der Begriff und bei den theoretischen die Vernunft und das Denken. Da also Gedachtes und Denkkraft nicht verschieden sind, soweit es sich um Immaterielles handelt, so wird also auch bei dem göttlichen Geist Denken und Gedachtes zusammenfallen.'

Und:

‚Das Denken an sich aber hat das an sich Beste zum Gegenstand und das absolute Denken das absolut Beste. Somit denkt die Denkkraft (der Geist) sich selbst, weil sie teilnimmt an dem Gegenstand des Denkens. Dadurch, dass sie nämlich ihren Gegenstand erfasst und denkt, wird sie selbst Gegenstand des Denkens, sodass Denkkraft und Gedachtes zusammen fallen. Denkkraft ist nämlich die Fähigkeit, das Gedachte und das wesentliche Sein aufzunehmen. Und sie ist aktuell, wenn sie dies tut. Diese Aktualität ist dadurch noch in höherem Grade das Göttliche, das der Denkkraft eigen zu sein scheint, als jene Aufnahmefähigkeit, und das Lustvollste und das Beste ist die Betrachtung. Wenn nun Gott sich immer in dem Zustand befindet, der für uns nur vorübergehend möglich ist, so ist das schon wunderbar; ist er es aber in noch höherem Grade, so ist das noch wunderbarer. Und so ist es in der Tat. Und auch Leben kommt ihm zu. Denn die Energie des Geistes ist Leben; ja er ist Energie. Seine absolute Energie ist bestes und ewiges Leben. Wir behaupten also, Gott sei ein ewiges, vollkommenes Wesen, und ihm komme Leben und ununterbrochenes, ewiges Sein zu. Das ist Gott...'

Und der Heilige Philosoph:[50]

‚Der zweite Unterschied zwischen unserem Wort (Begriff) und dem göttlichen Wort besteht darin, dass unser Wort unvollkommen ist; das göttliche Wort aber ist das vollkommenste. Weil wir nicht alle unsere Gedanken in einem Wort ausdrücken können, müssen wir viele unvollkommene Worte bilden, durch die wir teilweise zum Ausdruck bringen, was alles in unserem Wissen ist. In Gott aber verhält es sich nicht so: weil er sowohl sich selbst als auch alles andere, was er denkt, durch sein Wesen in einem Augenblick denkt, ist das einzige göttliche Wort ein Ausdruck all dessen, was in Gott ist – nicht allein der göttlichen Personen, sondern auch der Geschöpfe: andernfalls wäre es unvollkommen. Daher sagt Augustinus: ‚Wenn weniger im Wort Gottes wäre als im Wissen des Sprechenden, wäre das Wort unvollkommen; aber es steht fest, dass es das vollkommenste ist: also ist es ein einziges. Hiob 33,14 heißt es: Gott spricht ein einziges Mal.'

Und:

‚Zweitens können wir aus dem Dargelegten erschließen, dass das Wort (der Begriff) immer in einem lebendigen Denkvorgang aus dem Geist hervorgeht, und weiter, dass das Wort stets der Begriff und ein Abbild des gedachten Gegenstandes ist. Wenn das Denkende und das Gedachte dasselbe sind, dann ist das Wort der Begriff und ein Abbild des Geistes, aus dem es hervorgeht; wenn jedoch das Denkende und das Gedachte etwas Verschiedenes sind, dann ist das Wort kein Abbild und nicht der Begriff des Denkenden (Geistes), sondern des gedachten Gegenstands, wie die Vorstellung, die jemand von einem Stein hat, lediglich ein Abbild des Steines ist. Wenn aber der Geist sich selbst denkt, dann handelt es sich bei einem solchen Wort um ein Abbild

und um den Begriff des Geistes. Deshalb nimmt Augustinus ein Abbild der Dreieinigkeit (Gottes) in der (menschlichen) Seele an, sofern der Geist sich selbst denkt, nicht aber, sofern er etwas anderes denkt. Demnach ist deutlich, dass man das Wort in jedem geistigen Wesen voraussetzen muss; denn aus dem Begriff des Denkens ergibt sich, dass der Geist durch das Denken etwas bildet: dessen Bildung wird Wort genannt. Aus diesem Grund muss man in allem Denkenden das Wort annehmen.'

Der Geistesforscher:[51]

‚Wir haben bisher nun folgende Wahrheiten gewonnen. Auf der ersten Stufe der Weltbetrachtung tritt uns die gesamte Wirklichkeit als zusammenhangloses Aggregat entgegen; das Denken ist innerhalb dieses Chaos eingeschlossen. Durchwandern wir diese Mannigfaltigkeit, so finden wir ein Glied in derselben, welches schon in dieser ersten Form des Auftretens jenen Charakter hat, den die übrigen erst gewinnen sollen. Dieses Glied ist das Denken. Was bei der übrigen Erfahrung zu überwinden ist, die Form des unmittelbaren Auftretens, das gerade ist beim Denken festzuhalten. Diesen in seiner ursprünglichen Gestalt zu belassenden Faktor der Wirklichkeit finden wir in unserem Bewusstsein und sind mit ihm dergestalt verbunden, dass die Tätigkeit unseres Geistes zugleich die Erscheinung dieses Faktors ist. Es ist eine und dieselbe Sache von zwei Seiten betrachtet. Diese Sache ist der Gedankengehalt der Welt. Das eine Mal erscheint er als Tätigkeit unseres Bewusstseins, das andere Mal als unmittelbare Erscheinung einer in sich vollendeten Gesetzmäßigkeit, ein in sich bestimmter ideeller Inhalt. Wir werden alsbald sehen, welche Seite die größere Wichtigkeit hat. Deshalb nun, weil wir innerhalb des Gedankeninhaltes stehen, denselben in allen seinen Bestandteilen durchdringen, sind wir imstande, dessen eigenste Natur wirklich zu erkennen. Die Art,

wie er an uns herantritt, ist eine Bürgschaft dafür, dass ihm die Eigenschaften, die wir ihm vorhin beigelegt haben, wirklich zukommen. Er kann also gewiß als Ausgangspunkt für jede weitere Art der Weltbetrachtung dienen. Seinen wesentlichen Charakter können wir aus ihm selbst entnehmen; wollen wir den der übrigen Dinge gewinnen, so müssen wir von ihm aus unsere Untersuchungen beginnen. Wir wollen uns gleich deutlicher aussprechen. Da wir nur im Denken eine wirkliche Gesetzmäßigkeit, eine ideelle Bestimmtheit erfahren, so muß die Gesetzmäßigkeit der übrigen Welt, die wir nicht an dieser selbst erfahren, auch schon im Denken eingeschlossen liegen. Mit anderen Worten: Erscheinung für die Sinne und Denken stehen einander in der Erfahrung gegenüber. Jene gibt uns aber über ihr eigenes Wesen keinen Aufschluß; dieses gibt uns denselben zugleich über sich selbst und über das Wesen jener Erscheinung für die Sinne.'

Und:[52]

‚Wir haben gesagt, dass Aristoteles darauf hingewiesen hat, dass bei allem, was in unseren Erfahrungskreis tritt, notwendig unterschieden werden müsse zwischen dem, was Form und was Materie ist. Nun kann man sagen: wir kommen im Erkenntnisprozess bis zur Form heran in dem Sinne, wie eben dargestellt worden ist. Gibt es aber nun auch eine Möglichkeit, bis zum Materiellen heranzukommen? Wohl gemerkt: Aristoteles versteht unter dem Materiellen nicht nur Stoffliches, sondern die Substanz, dasjenige, was auch als Geistiges der Wirklichkeit zugrunde liegt. Gibt es eine Möglichkeit, nicht nur das, was vom Ding zu uns herüberfließt, zu begreifen, sondern auch in die Dinge hineinzutauchen, sich mit der Materie zu identifizieren? Diese Frage ist auch für die Erkenntnistheorie wichtig. Sie kann nur von demjenigen beantwortet werden, der sich in die

Natur des Denkens, des reinen Denkens, vertieft hat. Zu diesem Begriff des reinen Denkens muss man sich zuerst aufschwingen. Das reine Denken können wir nach Aristoteles als Aktualität bezeichnen. Es ist reine Form; es ist zunächst, so wie es auftritt, ohne Inhalt in bezug auf die unmittelbaren, einzelnen Dinge in der sinnlichen Wirklichkeit draußen.

....

Wo gibt es innerhalb des reinen Denkens einen Weg, nicht nur die Form zu erzeugen, sondern mit der Form zugleich die Materie? Sobald wir irgend etwas haben, was mit der Form zugleich die Materie erzeugt, dann können wir an einen festen Punkt erkenntnistheoretisch anknüpfen. Wir sind ja überall, zum Beispiel wenn wir einen Kreis konstruieren, in dem besonderen Fall, dass wir sagen müssen: was ich von diesem Kreis behaupte, ist objektiv richtig; – ob es anwendbar ist auf die Dinge, das hängt davon ab, dass, wenn ich den Dingen begegne, sie mir zeigen, ob sie die Gesetze in sich tragen, die ich konstruiert habe. Wenn die Summe aller Formen sich auflöst im reinen Denken, so muss ein Rest bleiben, den Aristoteles Materie nennt, wenn es nicht möglich ist, aus dem reinen Denken selbst zu einer Wirklichkeit zu kommen.

Aristoteles kann hier durch Fichte ergänzt werden. Im Sinne des Aristoteles kann man zunächst zu der Formel kommen: Alles, was um uns herum ist, auch das, was unsichtbaren Welten angehört, macht es notwendig, dass wir dem Formalen der Wirklichkeit ein Materielles entgegensetzen. Für Aristoteles ist nun der Gottesbegriff eine reine Aktualität, ein reiner Akt, das heißt, ein solcher Akt, bei dem die Aktualität, also die Formgebung, zugleich die Kraft hat, ihre eigene Wirklichkeit hervorzubringen, nicht etwas zu sein, dem die Materie entgegensteht, sondern etwas, das in ihrer reinen Tätigkeit zugleich selbst die volle Wirklichkeit ist.

Das Abbild dieser reinen Aktualität findet sich nun im Menschen selbst, wenn er aus dem reinen Denken heraus zu dem Begriff des ‚Ich' kommt. Da ist er im Ich bei etwas, was Fichte als Tathandlung bezeichnet. Er kommt in seinem Innern zu etwas, das, indem es in Aktualität lebt, zugleich mit dieser Aktualität seine Materie mit hervorbringt. Wenn wir das Ich im reinen Gedanken fassen, dann sind wir in einem Zentrum, wo das reine Denken zugleich essentiell sein materielles Wesen hervorbringt.

....

So lässt sich erkenntnistheoretisch der Satz fundamentieren, ‚dass auch im reinen Denken ein Punkt erreichbar ist, in dem Realität und Subjektivität sich völlig berühren, wo der Mensch die Realität erlebt'. Setzt er da ein und befruchtet er sein Denken so, dass dieses Denken von da aus wiederum aus sich herauskommt, dann ergreift er die Dinge von innen. Es ist also in dem durch einen reinen Denkakt erfassten und damit zugleich geschaffenen Ich etwas vorhanden, durch das wir die Grenze durchdringen, die für alles andere zwischen Form und Materie gesetzt werden muss.'

Nun kann man natürlich leicht Folgendes einwenden: Die Tatsache, dass ein Mensch sich für etwas begeistert, das auch durch frühere Denker begeistert dargestellt wurde, beweist nicht, dass es sich um dieselbe Individualität handelt, und schon gar nicht, dass dieses ‚Etwas' Zeichen einer Essenz ist. Rudolf Steiner könnte sehr wohl seine Erkenntnisse von älteren Philosophen nur übernommen haben. – Dies ist aber der rein materialistische Einwand. In einem solchen Weltbild steht alles wie Steine nebeneinander: Der Philosoph hat einiges geschrieben, dieses starb mit ihm bei seinem Tode, obwohl es schriftlich erhalten wurde. Spätere Denker haben sich damit auseinandergesetzt, aber das Erstere hat nicht durch eine lebendige Wirkung in das Spätere hineingewirkt.

In diesem Buch wird nicht der materialistische Standpunkt eingenommen. Einsichten werden betrachtet als lebendige Wirkungen, die über den Tod hinaus wirksam sind. Der spätere Leser der Schriften kann sich durch diese lebendige Wirkung inspirieren lassen. Er kann aber auch selbst der ‚Urheber' der Einsichten sein, d.h. der Erste, der sie auf Erden erlangt hat. Wenn dieser Mensch, der *ursprünglich* die Einsicht hatte, sie wiederfindet, ist es noch etwas anderes. Er wird sie dann nicht wiederholen, sondern weiterwachsen lassen, ganz der neueren Zeit entsprechend.

Für das Spüren dieser Entwicklung muss man ein Organ haben, der Verstand reicht nicht aus, weil dieser eben auch nur alle Tatsachen als Totes nebeneinandersetzen kann. Ein *Erleben* des Denkens muss geübt werden, um dieses *Leben* der Einsichten empfinden zu können. Dann aber ist der spätere Gedanke des Heiligen Philosophen – ‚wenn das Denkende und das Gedachte ein und dasselbe sind...' – nicht einfach aus der Metaphysik des alten Philosophen übernommen. Der Gedanke des Philosophen hat weitergelebt, hat sich entwickelt, wodurch er jetzt nicht nur für den allgemeinen Gottesbegriff verwendet wird, sondern für den Begriff ‚Wort': der Begriff kann durchchristet werden. Man muss lernen, dies tief zu empfinden. Nicht einfach nur oben ‚im Frontalhirn', sondern mit dem ganzen lebensvollen Menschen, ohne allerlei hineinzuphantasieren.

Der Philosoph hat als Erster das Denken selbst zum Gegenstand der Wissenschaft gemacht. Daraus ist dann die Logik hervorgewachsen, die heute noch immer dieselbe

Gültigkeit hat wie damals. So wie Pythagoras das Gesetz des rechtwinkligen Dreiecks fand und dies noch immer gilt, so fand der Philosoph die Gesetze der Logik, die ‚Lehre vom Satz (die reine Logik, ‚peri Hermeneia'), die Begriffs-Lehre (Kategorienlehre). Auf menschliche Art tat er, was er in seiner Metaphysik als Charakteristik Gottes gibt: Das Denken des Denkens.

Dann finden wir in der Scholastik diese Art des Denkens wieder. Der Heilige Philosoph, der ‚doctor angelicus', ringt mit diesem Begriff des Denkens. Er ist an die Dogmen der Kirche gebunden, muss sich an Augustinus halten und kann sich nicht daraus loswinden. Obwohl er den entwickelten Begriff des göttlichen Denkens und Seins vom Philosophen übernimmt, kann er ihn nicht verwirklichen. Er darf sein scharfes, intelligentes, vielseitiges Denken nur zur Verteidigung der katholischen Prinzipien einsetzen. Obwohl er *weiß*, dass das Denken sich selbst denken kann und dass es dann den Glauben zur Wissenschaft erhöht, darf er dies nicht in Entwicklung bringen. Trotzdem atmet seine ganze theologische Philosophie (philosophische Theologie) die übermenschliche Macht und Kraft der Intelligenz. Zugleich aber stellt er am Ende seines Lebens diese intelligente Arbeit als ‚nur Stroh' da, im Licht des Christus habe sie gar nichts zu bedeuten. Dies alles erlebend, spürt man, wie das ganze Leben dieses ‚doctor angelicus' im Zeichen dieser Einsicht stand, wie er damit gekämpft hat, sie nicht durchführen konnte. Der Materialist wird sagen: Unsinn, der Mann hat diese ‚Einsicht' einfach von dem alten Philosophen gelernt, er durfte sich jedoch nicht dafür begeistern. Ein spirituelles Denken und Fühlen dagegen findet die Essenz des Philosophen im doctor angelicus wieder. Nicht als Einsicht nur, sondern als weiterentwickelte Essenz.

Dann erscheint diese Essenz am Ende des neunzehnten Jahrhunderts wieder. Sie spricht weiterentwickelte Worte, indem sie sich kräftig einsetzt für eine Spiritualität – eine Erkenntnis Gottes –, die auf dem felsenfesten Fundament des Prinzips aufbaut, dass das wahre Ich geboren wird, wenn es sich in Freiheit dazu aufrafft, die Kategorie des Erkennens nicht nur zu erkennen, sondern zu *realisieren*. Das heißt, dass diese Kategorie des Erkennens ein auferstandenes gedachtes Denken ist. Es ist keine Logik mehr und keine Unsicherheit, ob der Mensch so hoch greifen darf. Es ist die absolute Gewissheit, dass das Erkennen erst dann spirituell werden kann, wenn es seine eigene Kategorie sich selbst hinzugefügt hat, eigenständig, ohne jeglichen Einfluss als nur den des eigenen Ich, das hierdurch erst erschaffen wird. Das gewöhnliche Erkennen geschieht durch die Seele. Die Erkenntnis des Erkennens ist ein Akt des Geistes.

Derjenige, der Rudolf Steiner in seiner Essenz kennenlernen will, muss hier innehalten. Hier liegt die Frucht der vorherigen Leben. Hier wird die Entwicklung weitergeführt.

Was ist hiermit eigentlich gesagt? Eine Essenz wird beleuchtet, aber was liefert uns dies für das Finden der Beziehung zu Rudolf Steiner? Wir müssen noch tiefer schauen. Deutlich mag sein, dass diese Individualität eine ‚Entelecheia' hat, *die der Intelligenz selbst sehr nahe ist.*

Es gibt eine kosmische, übermenschliche Macht, ein Wesen, das zugleich ein Heer anderer Wesen in sich schließt, das in der Vergangenheit der Verwalter der kosmischen

Intelligenz war. Auch dies müssen wir uns so intensiv und ausführlich wie nur möglich vorstellen. Das schaffende Weltenwort, die göttliche Dreieinigkeit selbst, schafft *intelligent.* Dieses Schaffen umfasst alles, was wir uns durch Erkennen zueigen machen können – und viel, viel mehr. Was wir in uns als Intelligenz kennen, ist ein Teilchen dieses schaffenden Weltenwortes.

Diese Intelligenz nun ist selbst eine Schar von Wesen. Wir kennen nur die Fähigkeit, Begriffe in richtiger Weise mit der wahrgenommenen Wirklichkeit zu verbinden und Begriffe miteinander in richtiger Weise zu verbinden. Wir erleben keine Wesenheiten darin. Die alte Weisheit stellt diese jedoch noch dar, so wie z.B. Zarathustra zwölf Amshapands nennt, die man wirklich als ‚Begriffswesen' auffassen kann. Während wir zwölf Begriffskategorien erkennen und eine Dreizehnte, die die Kategorie des Erkennens selbst ist, finden wir in diesen Amshapands die Begriffskategorien als lebendige Wesen. Man muss sich das *so real* denken, dass man den Gedanken fassen kann, dass diese lebendigen Begriffe, diese Kategorien-Wesen, aus dem Kosmos heraus das menschliche Gehirn ‚gebaut' haben. So real ist die Welt! Das menschliche Gehirn ist ein Gebilde, das veräußerlichtes Kategorien-Wesen ist. Es hat deshalb diese wunderbare Affinität mit den Begriffen, kann sie als Denken spiegeln, weil es selbst daraus geformt ist. So wie das Auge durch das Licht-Wesen gebildet ist, ist das Gehirn durch die lebendigen Begriffe gebildet.

Noch etwas anderes als diese Wesen ist aber die *Tätigkeit* der Intelligenz, vergleichbar mit dem Unterschied zwischen Inhalt und Form des Denkens einerseits und Denktätigkeit, Denkfähigkeit anderseits. Diese ist erst die menschliche Intelligenz. So gibt es auch eine kosmische

Intelligenz, die die *Tätigkeit* des Verbindens und Lösens, des Auffindens von Zusammenhängen darstellt.

Jetzt geht es also nicht um das ‚Was', sondern um das ‚Wie'. Ursprung dieses ‚Was' *und* ‚Wie' ist das schaffende Weltenwort. Der wirksame Zusammenhang alles ‚Was' ist dann das ‚Wie', die Intelligenz.

Vergleichen wir es mit einem Symphonieorchester. Das ‚Was' sind die fähigen Musiker mit den verschiedenen Instrumenten. Die Intelligenz ist vergleichbar mit der Ausführung der Symphonie, die Fähigkeiten werden verwendet, um etwas tatsächlich hörbar zu machen. Der Komponist ist vergleichbar mit dem schaffenden Weltenwort, die Ausführung mit der wirksamen Intelligenz, hervorgezaubert durch fähige Musiker. Es muss aber auch noch einen Verwalter der Intelligenz geben. Hier in diesem Beispiel ist es der Dirigent. Im Kosmos war es jene himmlische Macht, aus einem ganzen Heer himmlischer Wesen ‚zusammengesetzt', die die kosmische Intelligenz zu verwalten hatte, die tatsächliche Ausgestaltung des göttlichen Wortes.

Schaffende Begriffswesen bilden nach dem Vorbild des Weltenwortes die Bausteine des Begreifens, und sie wirken bis in das Physische hinunter, indem sie das Gehirn bilden. Dirigent dieser musikalischen Tätigkeit ist die kosmische Macht, die die Intelligenz zu verwalten, zu dirigieren hat. In der christlichen Esoterik heißt diese Macht: Der Erzengel Michael. Nie sollten wir eigentlich diesen Namen ohne weiteres im Munde haben, sondern tief, tief durchdenken und erleben, wen wir eigentlich damit benennen.

Nun sollte der Mensch, das Götterkind, selbstständig werden und sich zur Freiheit hin entwickeln. Ein Geschöpf kann nur selbstständig sein, wenn es selbst urteilen kann, also wenn es intelligent ist. Und frei kann es nur werden, wenn es dieses Urteilen ganz aus sich heraus lenken lernt. Es darf also nicht durch äußere Einflüsse, auch nicht durch Einflüsse aus der geistigen Welt, beeinflusst werden.

Sollte der Mensch also sowohl selbstständig wie auch frei sein können, musste zweierlei geschehen: Die Intelligenz musste dem Menschen zur eigenen Fähigkeit gegeben werden; und die geistige Welt musste aus diesem selbstständigen Bewusstsein verschwinden, sie musste unwahrnehmbar werden.

Aus unserem alltäglichen Leben wissen wir, wie es gehen kann: Die Kinder werden erwachsen und ziehen weg, sie sind selbstständig, und sie nehmen die Mahnungen der Eltern nicht mehr wahr.

Was wird geschehen?

Wenden wir uns jedoch zuerst zurück zu jener Essenz: Das Begreifen der Intelligenz, deren immer bewussteres Selbst-handhaben-Können, weil durch das Erkennen der intelligenten Tätigkeit ein Selbstbewusstsein entsteht, das die Intelligenz bemeistern kann. An dieser Stelle sollte die Verwandtschaft dieser Essenz, dieser Entelechie, mit der Macht, die Michael heißt, klar hervortreten. Im kosmischen Sinne war es Michael, der die intelligente Tätigkeit dirigierte. In Rudolf Steiner verkörperte sich eine Entelechie, eine Individualität, mit der Eigenschaft, die menschliche, selbstständige Intelligenz selbstbewusst verwalten zu wollen und zu können. Dieses ‚Merkmal' prägt also die Individualität in Rudolf Steiner: wie Michael Dirigent der kosmischen Intelligenz war, ist er meisterhafter Dirigent der eigenen Intelligenz, und er ruft die Zeitgenossen dazu auf, ebenfalls diese Meisterschaft in sich zu entwickeln,

denn es ist ‚an der Zeit'!
Rudolf Steiner ist also ein Diener Michaels.

Dieser Mensch hat eine innige Beziehung zur Intelligenz. Als Philosoph in der griechischen Zeit erkennt er die ‚Technik', mit welcher sie wirkt. Als Heiliger Philosoph im Mittelalter praktiziert er die erkannte Technik in religiösen Fragen und verfällt in Ohnmacht, wenn er denken muss, die Intelligenz könnte selbst zum Göttlichen hinführen.

In diesem Menschen lebt die Intelligenz so, wie sie sich voll entfalten kann. Das Wesen dieses Menschen ist selbst intelligent, es muss mit der Intelligenz selbst tief verbunden sein. In der christlichen Esoterik fanden wir den Verwalter der Intelligenz. Können wir auch die Intelligenz selbst finden, als Wesen dargestellt? Es müsste dann ein Wesen gefunden werden, das eine unmittelbare Ähnlichkeit mit der Musik hat. Denn es sind nicht die Musiker, es ist auch nicht der Dirigent, die wir mit der Intelligenz selbst vergleichen können – sondern es ist die klingende Musik selbst, das klingende Weltenwort. Wo finden wir diese Musik in einem Bild dargestellt, das zugleich die Intelligenz wiedergibt?

Hat man einmal ein spirituelles Denken entwickelt, ein Denken, das Spiritualität denken kann, so nimmt man alle alten religiösen, spirituellen, mystischen Bilder ernst. Man weiß: Alle diese Bilder sind nach der wahren Wirklichkeit geformt, sie alle sind Bilder von wirklichen Wesen.

So kennen wir in der griechischen Mythologie Apollo. Apollo ist gleichsam der einzige Gott, in dem die Harmonie herrscht. Der Gott, der nicht durch menschenähnliche Triebe und Begierden geführt wird, sondern musikalisch-harmonisch intelligent ist. In der Sage von Prometheus finden wir eine rührende Stelle. Prometheus ist von Zeus gestraft worden, weil er das Feuer aus den Himmeln gestohlen hat und es den Menschen gebracht hat, zur Erlangung der Freiheit. Zeus würde ihm vergeben, wenn Prometheus sein prophetisches Vor-Denken dazu verwenden wollte, Zeus vorherzusagen, durch wen er (Zeus) je überwunden werden würde. Das verweigert Prometheus, und er muss, an den Kaukasus gefesselt, einen Adler an seiner Leber fressen lassen, während Tausenden von Jahren.

Kein Wesen hat den Mut, Zeus zu bitten, seine Qual zu lösen, nur Apollo versucht es, mit der harmonischen Musik seiner Leier. Zeus gibt halb nach, denn der in Harmonie getauchte, ruhige Mut von Apollo ist eine wunderbare Gabe.[53]

Das Plädoyer von Apollo

Siehe, wie er, der das kräftige Denken des Menschen repräsentierte, das das Vermögen zum Vorausdenken ist, da an den Fels seines Körpers gekettet ist, auf keine einzige Weise mehr imstande, sich aus den Ketten zu befreien und zu freien Taten zu kommen. Beschränkt auf die kümmerlichen Bewegungen, die ihm an dem starren Fels noch geblieben sind, muss er zulassen, dass die Begierde ungehindert an ihm nagt, seinen göttlichen Leib verzehrt ... um in der Nacht die Genesung zuzulassen, auf dass bei Sonnenaufgang die ganze Qual von neuem beginnen kann.

Das Stöhnen und Wehklagen von Prometheus hallte zwischen den steilen Felsen wider, stieg auf zu den Göttern auf dem Olymp und zu den Titanen in die Tiefe, wo Prometheus' Vater Iapetos, von Mitleid erfüllt, seinen Sohn leiden hören musste. Auch andere Götter fühlten Widerwillen gegen Prometheus' Schicksal, während es auch Götter gab, die ihn verspotteten und

Schadenfreude hegten. Aber keiner von allen wagte es, sich in den Beschluss des Gottes der Götter, Zeus, einzumischen. Sein Wille war der stärkste und damit seine absolute Übermacht.
So gingen Dutzende, Hunderte, Tausende, vielleicht sogar Zehntausende von Jahren eintöniger Qualen vorüber.
Einen Gott gab es, der es sich erlauben konnte, vor Zeus, seinen Vater zu treten und ihn aus aufrichtigem Mitleid anzuflehen, dem Leid von Prometheus ein Ende zu bereiten. Apollo, Sohn von Zeus und Leto, geboren auf der herrlichen Insel Delos, war die Harmonie selbst, die der Muse, dem göttlichen gesprochenen Wort, zugrunde liegt. In dem durch ihn selbst gestifteten Orakel zu Delphi gab er das Wort des Zeus an die Menschen weiter. Alles an ihm war – und ist – Harmonie, Zusammenklang, Erhebung über jedwede Begierde. Sein Instrument, die Leier, ist Vorbild und Klangbild der Harmonie ihres göttlichen Spielers. Diese innige Harmonie, die Apollo ist, verhindert es jedoch nicht, einzugreifen, wo Disharmonie herrscht. Man kehre sich lieber nicht gegen Apollo, denn seine Harmonie ist göttlich und nicht menschlich-kleinmütig...
So trat Apollo vor Vater Zeus, begleitet vom grauenvoll widerhallenden Wehklagen des gequälten Prometheus. Zu beiden Seiten standen zwei heilige Frauen, auf der einen Seite seine Mutter Leto ... auf der anderen Seite seine Schwester Artemis. Die beiden Göttinnen weinten goldene Tränen von Mitleid, während Phoebus Apollo sprach:
‚Herr, Vater Zeus, wie lange noch muss der beklagenswerte Prometheus unter deiner göttlichen Strafe seufzen? Kennst du keine Gnade mit dieser tiefen, scheinbar unendlich sich fortsetzenden Folter? Hörst Du nicht, wie die ganze Menschheit dich anfleht, ihn zu befreien, einen Befreier zu ihm zu schicken, die ganze Erde tönt mit mit dieser flehentlichen Bitte, im Rauschen der Winde, im Strömen der Flüsse, in den Klängen der aufgehenden Sonne ... sogar in deinem Blitz und Donner, in deinen

Stürmen scheint die inständige Bitte mitzuklingen, die ich nun an dich, mächtiger Herrscher, richte!'
Zeus bedachte die Worte seines geliebten, hochgeachteten Sohnes in seinem göttlichen Vaterherzen und sprach:
,Wohl denn, ich will deinen Worten, die wie Musik so harmonisch klingen, keinen Widerstand bieten. Doch kann ich ebenso wenig meinen göttlichen Beschluss zurücknehmen. Beiden muss Genüge getan werden, deinen Worten und meinem Beschluss.'
Er schwieg und der donnernde Klang seiner Stimme rollte noch einige Zeit fort... Seine Augen blitzten von Gedanken, und er nahm seine göttliche Rede wieder auf:
,Es ist sodann mein Wille, dass Prometheus befreit werde. Lass Herakles das Werk vollbringen, aber solcherart, dass die durch mich auferlegte Strafe nicht ganz aufgehoben werde. Es wird jemand gefunden werden müssen, der den Platz des Prometheus einnimmt; Prometheus soll, obwohl befreit, doch bis in die Ewigkeit an den Fels des Kaukasus geschmiedet bleiben müssen...'

Apollo ist der Vertreter der Vernunft, der Gerechtigkeit. Er spricht durch die Pythia im Orakel von Delphi, seine Aussprüche sind vernünftig und zuverlässig. In diesem Sinne sind sie nicht mit der Wahrsagerei der Sibyllen zu vergleichen, die einmal Wahrheit sprechen, dann wiederum nicht. Apollo spricht im Sonnenorakel, aus seiner harmonischen Sonnenvernunft.

In ,Vorstufen zum Mysterium von Golgatha' beschreibt Rudolf Steiner, wie Apollo eine wichtige Rolle dabei spielt, dass die menschliche Intelligenz die richtige Spur hält:[54]

,Die Griechen, die in ihrer Mythologie etwas wie Nachbilder der Vorgänge während der atlantischen Zeit empfunden haben, sie haben in ihrer Mythologie auch diese eben erwähnte über-

sinnliche Tatsache ausgedrückt. Und das Bild, das Nachbild, unter dem sich die Griechen die dritte Verseelung des Christus in einem erzengelartigen Wesen vorgestellt haben, ist Apollo, der Sonnengott. Apollo als Beschützer der Aussprüche der Pythia erscheint als diejenige Wesenheit, welche harmonisiert den Drachen, der aus der Erde in Form von Dämpfen heraufsteigt. Würde ohne die Harmonisierung des Apollo dieser Dunst in die Leidenschaft der Pythia fließen, so würde Denken, Fühlen und Wollen als Wahnsinn zum Ausdruck kommen. Durch die Imprägnierung mit den Kräften des Apollo wird das, was die Pythia zu sagen hat, zuweilen zu den weisesten Ratschlägen, die den Griechen gegeben wurden.
Würde man einen Eingeweihten der alten Mysterien auf seine wahre Meinung hin haben fragen können, wer Apollo ist, so würde er ganz gewiß die Antwort gegeben haben: Er ist der Vorläufer des Christus Jesus, der nur noch nicht heruntergestiegen ist bis zum physischen Plan.
Die Menschheit hat sich eine wunderbare Imagination dieses dritten Christus-Ereignisses erhalten in dem Bilde: Sankt Georg besiegt den Drachen, oder der Erzengel Michael besiegt den Drachen. Es ist wunderbar, aufmerksam darauf sein zu können, wie in der Tat diese Imagination: Sankt Georg besiegt den Drachen, ein Nachklang ist des dritten übersinnlichen Christus-Ereignisses.'

Apollo ist der Vernünftige unter den griechischen Göttern, der Harmonische, der Musikalische. In Orpheus kommt sein Wesen zum Ausdruck. Die Orphischen Mysterien sind Mysterien des Wortes, wie auch die Mysterien in Ephesus.

Aus der Korrespondenz von Rudolf Steiner mit Ita Wegman wissen wir, welche Inkarnationen er für sie beide gefunden hat. Der Materialist wird sagen: ‚für wen er sich gehalten hat.' Der spirituelle Denker jedoch kann die Individualität tatsächlich wiederfinden. So gibt es vor der Verkörperung Rudolf Steiners in dem alten griechischen Philosophen eine frühere. In dieser war er der Lehrer von Plato, Schüler von Sokrates und Eingeweihter in den Wortmysterien von Ephesus. Diese Einweihung tritt sehr deutlich in dem platonischen Dialog hervor, der den Namen dieses Mannes trägt. Hier vertritt dieser vor Sokrates das absolute Vertrauen zur Richtigkeit eines gewählten Wortes.

Kratylos:[55]

‚Ich bin daher der Meinung, Sokrates, die richtigste Erklärung hierüber würde die sein, dass es eine größere als menschliche Kraft gewesen, welche den Dingen die ersten Namen beigelegt, und das sie deshalb notwendig richtig sind.'

Dieses Vertrauen der Richtigkeit fußt nicht nur auf dem Sinn, der Bedeutung des Wortes, sie hat sogar den Aufbau des Wortes aus den bestimmten Vokalen und Konsonanten als Grundlage. Die Buchstaben haben also eine solche Wirkung, dass in dieser Wirkung schon die Bedeutung ruht. Das wird in diesem Dialog, selbstverständlich an Hand der griechischen Worte, beeindruckend dargestellt, und auch bezweifelt, wie Sokrates das immer tut. Wir finden hier also eine Wort-Kunst, die unmittelbar mit der Begriffskunst zusammenhängt.

Der junge Mann, der hier mit Sokrates im Gespräch ist, trägt die Individualität, die der Intelligenz so nahe verwandt ist. Hier zeigt er noch, wie die Intelligenz unmittelbar mit den Klängen verbunden ist, die das Wort zum gesprochenen Wort gestalten.

Er war eingeweiht in den Mysterien von Ephesus. Dort wurden nicht diese abstrakten Wort-Erkenntnisse gelehrt, die wir z.B. als Philologie kennen; der Schüler wurde eingeweiht in die gestaltenden Kräfte des Weltenwortes. Er erkannte, wie die geistig-seelischen Wortkräfte (Form) bis in den irdischen Stoff (Materie) gestaltend wirkten. Die Vokale bildeten die seelische Seite dieser Gestaltung, die Konsonanten die irdische. Die Vokale konnte man erleben lernen als die sieben Saiten, auf denen der Geist spielt, während die Musik auf dem Kasten des Irdischen wiederklingt, der ein Abbild der Fixsterne ist. Und die sieben Essenzen der Wandelsterne, in der griechischen Mythologie als sieben Götter bekannt, wurden im Irdischen in die bekannten Metalle verwandelt.

Dies alles war noch echte Mysterien-Erkenntnis, die in der Verkörperung des alten griechischen Philosophen schon nicht mehr ausgesprochen wurde. Übrig blieb die Logik als Wissenschaft des Wortes (des Begriffs) und eine Naturwissenschaft, die nur fragmentarisch und nicht wörtlich überliefert wurde.

Es gibt eine Gralsgeschichte ‚Titurel' von Wolfram von Eschenbach. Hier finden wir einen Verweis auf diese Erkenntnisse des schaffenden, klingenden Weltenwortes, so wie es durch die Schrift der Fixsterne und Wandelsterne erkannt werden konnte.

Die Mahnung Apollos, dass die Intelligenz der Spur der Wahrheit folgen soll, dass sie die Fährte hüten soll, dass sie sich daran gewöhnen soll, nicht in die alte Hellsichtigkeit zurückzufallen, sondern dass sie die freie wahrheitsliebende Intelligenz suchen soll, wird in dem Hund ‚Gardevias' (‚Hüte die Fährte') verbildlicht. Er trägt ein Halsband, in dem die Sternenschrift gelesen werden kann.

Ein junger Ritterknabe will für seine Geliebte, die die Sternenschrift auf diesem Halsband lesen möchte, den Hund holen, wird aber während dieser Reise getötet. Dieses Geschehen führt zum berühmten Gralsbild von der Jungfrau mit dem toten Geliebten im Schoß. Ein Gralsbild für die Pietà ist dies, und es drückt die menschliche Tragödie aus, dass der Mensch die Freiheit erwerben soll, indem er sich von der Sternenweisheit verabschieden muss. Die menschliche Seele kann den Geist nur noch in toter Gestalt in sich tragen (als Verstand).

In diesem Bild wird die Entelechie, die sich immer wieder der Zeit entsprechend darlebt, für die Gralszeit klar sichtbar. In der Verkörperung als Heiliger Philosoph muss das Tote, die verstandesmäßige Intelligenz, im Geleise der Wahrheit gehalten werden, es kann aber noch nicht auferstehen.

Wir haben also eine Ähnlichkeit gesehen zwischen der hier geschilderten Individualität und der kosmischen Intelligenz, die zur menschlichen Intelligenz wurde. Diese menschliche Intelligenz durfte wegen der zu erlangenden Freiheit nur als Totes erlebt werden. Keine Symphonie wird gehört, nur ein Schematisches bleibt übrig. In diesem Schema kann der Heilige Philosoph nicht das Göttliche anerkennen.

Der Geistesforscher kann es aber. Die kosmische Macht, die den Namen ‚Michael' trägt, hat die Intelligenz, die er verwaltete, zu den Menschen kommen lassen. Sie bekommen dadurch eine immer selbstständigere Intelligenz. Da diese Intelligenz jedoch nicht als etwas Lebendiges erlebt werden kann – um der Freiheit willen –, taucht die Frage auf: Wird der Mensch mit seiner Intelligenz die Fährte hüten?

Der Geistesforscher verkörpert sich im Zeitalter der Bewusstseinsseele. Das heißt, dass die Seele sich selbst bewusst wird und dann immer tiefer und tiefer ihre eigene Schichten und die des Geistes durchforschen kann. Dort liegen all die Erkenntnisse aus früheren Einweihungen, für das alltägliche Bewusstsein nicht erkennbar. Die Wiedergeburt des Geistes jedoch, die durch das Realisieren der ‚Kategorie der Erkenntnis' eine Tatsache wird, ist zugleich der Schritt, der das Erforschen der unterbewussten Erkenntnisse – die, wenn sie unerkannt bleiben, wie Totes wirken – ermöglicht. Die Verwandtschaft mit Michael tritt in diesem ‚Verwalten der eigenen menschlichen Intelligenz', in dem erneuerten, erweiterten ‚O Mensch, erkenne dich selbst!', hervor.

Die Großartigkeit und Tiefe der Intelligenz, die Sorgfalt, mit der erkannt wird, die Genauigkeit, mit der ‚die Fährte gehütet' wird, weist auf die göttliche Gabe des Apollo.

Die Individualität, der Träger dieser Essenz, erneuert so die Frucht der Verkörperung des Heiligen Philosophen. Man sollte sich dies immer wieder klar und intensiv vor die Seele stellen: der Heilige Philosoph, der in der Vereinigung mit Christus alle seine intelligenten Untersuchungen für Stroh erklären musste, diese intelligente, bescheidene heilige Seele wird nun mit dem eigenen Geist vollbewusst befruchtet. In dieser Befruchtung, die die Erweckung der ganzen Entwicklung ist, sieht er, wie dies möglich geworden ist. Die ganze in der Seele gestorbene, angehäufte Erkenntnis aufersteht durch den Akt der geistigen Selbsterkenntnis, und der Urprozess von Tod und Auferstehung wird geschaut: Der Geistesforscher steht in ernstester Erkenntnis-Feier geistig vor dem Mysterium von Golgatha.

Damals wurde das schaffende Weltenwort, das sich den Menschen hingab, gekreuzigt, getötet, und es erstand auf. Auferstehen kann auch die schematisch gewordene Intelligenz, wenn sie in sich gelernt hat, aus eigenem Antrieb die Fährte zu hüten.

‚Erkenne erst den ernsten Hüter,
Der an des Geisterlandes Pforte steht,
Dir den Einlass deiner Sinneskraft,
Deines Verstandes Macht verwehrend,
Weil du im Sinnesweben und im Gedankenbilden
Aus Raumeswesenlosigkeit
Aus Zeitentruggewalten
Des eignen Wesens Wahrheit
Dir kraftvoll erst erobern musst.' [56]

Dieser Spruch erklingt noch am Ende des Lebens dieses Geistesforschers, und an ihm zeigt sich, dass er seine Einsichten diesbezüglich nicht geändert hat.

Erst wenn der Mensch, blind vor der geistigen Welt, sich des eigenen Wesens Wahrheit kraftvoll erobert hat, kann er Geistesforscher werden. Dieser Augenblick war für Rudolf Steiner voll verwirklicht um die Jahrhundertwende des 19. zum 20. Jahrhundert.

Die ganze vorhandene Erkenntnis, somit auch die Art und Weise des Erkennens, wird – für die Augenblicke der Geistesforschung – verwandelt. Der Geistesforscher gerät nun in die Verfassung, das real vorhandene schaffende Weltenwort in seine Intelligenz aufzunehmen, es wiederzufinden in auferstandener Gestalt. Das eigentliche Wesen dieses Menschen war schon vor der letzten Verkörperung durchchristet. Jetzt wird die irdische Intelligenz, die freie Erkenntnisfähigkeit durchchristet.

Dass er in früheren Jahren gegen das Christentum geschrieben und gesprochen hat, sagt in dieser Hinsicht gar nichts. Das äußerliche Christentum kommt dieser Durchchristung in keiner Weise auch nur nahe. Das Wort ist gleich, die Bedeutung in keinerlei Weise.

Es steht also da ein Mensch, der immer schon der Intelligenz an sich verwandt war, der auch die *Verwaltung* der Intelligenz als Wesensmerkmal an sich trug. Jetzt aber tritt das lebendige Weltenwort selbst in die Intelligenz ein. Wer dies einmal eingesehen hat, wundert sich nicht mehr über die enorme Erkenntnis-Arbeit des Geistesforschers. Aber wir bleiben immer ‚zum Erstaunen da'.[57]

In der Erkenntnistheorie, wie Rudolf Steiner sie gebracht hat, finden wir Apollo, Michael und die Pietà wieder, so wie sie einst in dem Philosophen und in der Gralsgeschichte lebten. In der Eurythmie, der Sprachgestaltung, der Bühnenkunst, finden wir die Einweihung der Mysterien von Ephesus wieder. In den christlichen Vorträgen steht der Heilige Philosoph vor uns. In der Geheimwissenschaft finden wir die Mysterien-Erkenntnisse im christlichen Auferstehungsgewand.

Das Wesen des lebendigen Rudolf Steiner ist die auferstandene, sich selbst verwaltende Intelligenz.

Der Name ‚Rudolf Steiner' lässt aber dieses Wesen nicht mehr erleben. Ein Name bekommt durch allerlei ‚Konnotationen' eine bestimmte Farbe. Wer den Namen kennt, hat dabei eine gewisse Empfindung. Deren Qualität hängt ab vom Verhältnis zur Anthroposophie, zur Anthroposophischen Gesellschaft, aber auch von den Berichten in der Öffentlichkeit, die eine bestimmte Prägung der Empfindung bedeuten.

So geht es ja mit allem und jedem, das ist gar nicht zu vermeiden. Von Menschen aber, die sich Schüler dieses Geistesforschers nennen, die ihn feurig lieben sollten, darf man erwarten, dass sie nicht ruhen, bevor sie den Namen von allem Makel befreit haben. Das können sie nur, wenn sie mit meditativer Kraft und reinem Denken sich Bilder und Begriffe des eigentlichen wahren Wesens dieses Meisters formen, der der Meister des Abendlandes ist, schon seit vielen Verkörperungen. Wenn ein solches Bild, ein solcher Begriff, wie ich sie jetzt geformt habe, innerhalb der Herzen und Häupter der Anthroposophen strahlend gehegt worden wäre, dann wäre das Goetheanum ein Sonnentempel, ein Mysterien-Mittelpunkt der Erde – und es könnte der Meister des Abendlandes dort seine Führung wieder auf sich nehmen, jetzt oder innerhalb einiger Jahrzehnte, wenn er wieder auf der Erde wäre.

DRITTER TEIL

Nach dem Tode des Geistesforschers

Um eine Beziehung zum Wesen Rudolf Steiners zu finden, ist es wichtig, sich auch so klar wie möglich Vorstellungen darüber zu formen, wie sich nach dem Tode seine Wesensglieder weiter entwickelten.

Der physische Leib ist, wie bei jedem anderen Menschen, der Erde, den irdischen Kräften übergeben worden. Damit verfällt eigentlich nicht nur dieser Körper, sondern auch der Name. Er war Rudolf Steiner bis zum Tod. Als er aber in seine geistige Heimat zurückkehrt, ist der Name Bezeichnung einer der vielen Verkörperungen geworden. Das ist das erste, was wir uns gut merken sollten. ‚Rudolf Steiner' wird oft als eine Art Besitz der Gesellschaft genommen, als Eigentum der Anthroposophen.

Die Tatsache, dass er selbst uns gelehrt hat, ein Eingeweihter behalte gleichsam die Persönlichkeit, scheint dies zu rechtfertigen. Man muss jedoch klar unterscheiden: In der Verkörperung als Rudolf Steiner hat er sein ganzes Wissen erneuert, ist er im Geist auferstanden. Bedingung dazu war unter anderem, dass die Persönlichkeit so geläutert war, dass sie der Individualität nicht mehr widerstrebte. Und weil sich das ganze auferstandene Wissen in dieser geläuterten Persönlichkeit offenbarte, kann man erwarten, dass sie ewig wird. Aber sie wird nicht als Rudolf Steiner ewig, das wäre ja eine Beschränkung der Entwicklung. Die Persönlichkeit im geistigen Sinne ist doch noch etwas anderes als die erschienene irdische Persönlichkeit mit ihrer Biographie, ihrem Äußeren usw.

So wie die Auferstehungsleiblichkeit sich zum irdischen

Körper verhält, so verhält sich die auferstandene Persönlichkeit zur irdischen Persönlichkeit. Die auferstandene Persönlichkeit gleicht dem Wesen, der Essenz, der Entelechie. Dieses Wesen hat einen Namen, einen ‚Mysteriennamen', den ich im vorigen Kapitel geschildert habe. Dieser Name ist nicht Rudolf Steiner, er verfällt mit dem Abschluss des irdischen Lebens als Rudolf Steiner. Diese Befreiung aus dem Namen ist eine wirkliche Befreiung. Alle Nuancen, Konnotationen, Urteile usw., die mit dem Namen hervorgerufen werden, gelten jetzt nicht mehr für dieses Wesen, das in seiner geistigen Heimat weiterlebt und da mit dem wahrhaftigen Urteil empfangen wird.

2007 erschien eine DVD mit dem Titel ‚Rudolf Steiner, die Vielseitigkeit eines Außenseiters – ein Portrait'.

Dieser Film schildert Leben und Arbeit Rudolf Steiners. Jeder, der ein Interesse an Rudolf Steiner hat, sollte ihn sich einmal anschauen, um eine Idee zu bekommen, wie man dieses Medium verwenden kann, um den *Tod* darzustellen, eine tote Persönlichkeit. Die ganze Aufnahme atmet den Tod, die Bilder, die rezitierende Stimme, die Weise, in der Rudolf Steiner dargestellt wird. Ein totes Archiv ist es. Zwar sprechen darin einige scheinbar lebendige Menschen über Steiner, es gibt sogar *einen* Mann, der wahrhaftige Begeisterung zeigt. Trotzdem sind auch sie diesem alles überschattenden Tod verfallen. Das Tote verläuft bis zum tatsächlichen Tode Rudolf Steiners, bis 1925 also. Man sieht sogar den Leichnam Rudolf Steiners, wie er völlig ausgezehrt, mit prononciertem Haupt daliegt.

Hiermit hat man im Grunde wenigstens *ein* Wahrhaftiges gezeigt: Es gibt keine Weiterentwicklung nach 1925. Man kann nur mit Grabesstimme wiederholen. Nicht nur die Anthroposophie wurde wie eine Mumie konserviert, man hat dies auch mit Rudolf Steiners Geist gemacht, insoweit man diesen erhascht hat. Er ist geblieben, wie man ihn immer schon sah, Rudolf Steiner ist ein konservierter Leichnam.

Wenn man nun aufrichtig und intensiv die Wirkung einer solchen DVD erlebt, kann es nicht anders sein, als dass dieser Leichnam zersprengt. Das enorme Wesen des verstorbenen Geistesforschers lässt sich in einem solchen Gefängnis nicht einsperren. Er befreit sich daraus, dehnt sich aus und lässt den meditierenden Menschen erleben, *wer* er eigentlich ist.

Man kann in den irdischen Verkörperungen verschiedene Formen des eigentlichen individuellen Wesens in einem physisch-ätherischen Körper erleben. Eine solche DVD, wie sie oben charakterisiert wurde, legt nur *eine* Verkörperung unter ein Vergrößerungsglas und lässt sie zur bleibenden Form erstarren. Der wahre Mensch jedoch befreit sich jedesmal aus seiner Verkörperung und wird in eine Welt geboren, die ‚Medium' für gleichsam geistige Verkörperungen ist. Was ich meine, ist, dass die Leben zwischen Tod und neuer Geburt sich auch als eine Gesamtheit erleben lassen, sie sind nicht nur eine Art Schlaf, sondern sie sind zusammen ein reales Dasein. In dieses Dasein tritt der Mensch nach dem Tode ein. Da vereinigt er sich mit seinem eigentlichen Wesen, fügt die guten Früchte seines vergangenen Erdenlebens hinzu, formt die schlechten um.

Ein Mensch wie Rudolf Steiner bereichert sein Wesen, bereichert damit sämtliche geistigen Wesen. Er findet nach dem Tode nicht ein undifferenziertes Etwas, er findet sein Wesen so, wie es geworden ist durch die irdischen Verkörperungen hindurch, durch die geistigen ‚Zwischen-Leben' hindurch. Das Wesen trägt nicht den Namen Rudolf Steiner. Dieser Name ist nur ein Teil des Wesens. Das geistige Wesen führt auch ein ‚Leben', hat allerlei in der geistigen Welt erlebt und auch verrichtet. In dieser Welt hat die Zeit eine andere Form. Auf Erden verläuft die Zeit gleichsam in einer Linie, sie ist gewissermaßen ein ausgedehnter Teil eines Kreises, der einer Linie gleicht. Schaut man genauer, dann wird die Linie sogar eine Art Versammlung von Punkten, in denen Zukunft und Vergangenheit sich zur Gegenwart ‚zusammenrollen'.

In der geistigen Welt, über der ätherischen Welt, verfällt diese Zeit. Sie wird ein Ganzes, in dem Vergangenheit, Gegenwart und Zukunft in *einem* da sind. Gleichsam wie durch eine makrokosmische Kugel wird alles zeitlich Geschehene umschlossen. Innerhalb dieser Kugel liegt alles ineinander, durchdringt einander, jedoch nicht in einem Chaos, sondern in einer Gliederung, durch die die Zeit dennoch abgebildet ist, ja sogar faktisch existiert, nur nicht als ein ‚Nacheinander' sondern als ein ‚Zugleich'. Darin erscheinen sowohl die irdischen Früchte, als auch die rein geistigen Erlebnisse.

Wie können wir uns die Existenz dieses Wesens, das als Geistesforscher den Namen Rudolf Steiner trug, dann vorstellen?

Sogar ‚nur' mit reinem Denken und einem starken Imaginieren kann man sich schon vor das geistige Auge führen, was da geschaut werden kann.

Ein Wesen, das weder Mann noch Frau ist, finden wir da. Denn die Geschlechtlichkeit ist eine irdische Angelegenheit und wirkt nur in den irdischen Früchten nach. Ein Wesen, das eine starke Verwandtschaft, sogar Ähnlichkeit hat mit der kosmischen Intelligenz. Kein Gott ist es, es ist ein menschliches Wesen, die menschliche Form der kosmischen Intelligenz. Eine der Früchte der letzten Verkörperung ist das Selbstbewusstsein in der Intelligenz: Das Wesen ist vollkommen selbstbewusst – so wie es Menschen jetzt zunächst nur noch im physischen Leibe haben können –, weil es ohne physische, ja sogar ohne ätherische Grundlage in sich von sich selbst wissen gelernt hat. Es weiß also von der menschlichen Intelligenz, und da diese das größte Anliegen Michaels ist, ist es mit Michael zusammen, in Selbstständigkeit. Es lebt sich ein in diejenige Welt, die es auf Erden in seiner Geistesforschung bereits erkannte. Dadurch muss die selbstbewusste Erkenntnis auch in der geistigen Welt da sein.

Aber das Wesen hat auch die Früchte der vorherigen irdischen Verkörperungen in sich. Es ist der gesamten griechischen Philosophie wie auch der Scholastik des Mittelalters ähnlich. In der geistigen Welt hat es damals erlebt, wie das wahre Wesen dieser Erkenntnisse auf Erden immer mehr verschwand, wie dieses eigene Wege gegangen ist. Jetzt muss es wiederum ähnliches erleben. Die auf die Erde heruntergeführte Anthroposophie entfernt sich von dem ursprünglichen lebendigen Wesen.

Dieses gesamte Wesen hat in der geistigen Welt auch eine Art Biographie erlebt. Die Frucht, die Qualität der letzten Verkörperung wird diesen Erlebnissen hinzugefügt. Diese

‚Biographie' enthält die folgenden großen Erlebnisse: Die geistige Individualität hat erlebt, wie Christus aus dieser Welt in die irdische Welt hineingegangen ist. Sie hat Ihn gehen sehen, hat von ‚oben' das Leben Christi und seinen Tod und die Auferstehung miterlebt. Das Weltenwort, mit dem die Individualität durch ihre Verwandtschaft mit der menschlichen Intelligenz so stark verbunden war, verließ die geistige Welt. Dann kann man doch nicht anders, als verstehen, wie stark die Sehnsucht dieser Individualität war, Ihm nachzufolgen? Sich seinem Eingreifen hinzugeben? Es ist dann doch ohne weiteres deutlich, dass die nächsten Verkörperungen ganz im Zeichen Christi stehen? Dass mit großem Leid angeschaut wird, wie auf Erden eine nicht-christliche Akademie in Gondishapur gestiftet wird (666 n.Chr.), hervorgegangen aus der durch ihn selbst gegründeten Philosophen-Schule in Athen; wie dann durch die katholische Kirche (869 n.Chr.) das Dogma aufgestellt wird, worin gerade dieser Teil des Menschen, der mit der immer individueller werdenden Intelligenz zusammenhängt, *der Geist* also, als nicht existierend verkündet wird? Wie er sich diesem Dogma als Heiliger Philosoph dann doch unterstellt, um dann aufs Neue in der geistigen Welt den Impuls zu ergreifen, in seiner nächsten Verkörperung den Geist auf Erden darzustellen?

Man muss sich jedoch stark von der eigenen Beschränktheit erlösen wollen, um ahnen zu können, wie *groß* diese Individualität in der geistigen Welt ist. Eine Art Urbild des menschlichen Geistes scheint sie zu sein. Nicht ein Gott also, sondern der reine Menschen-Geist, wie er sich im Laufe der göttlich vorgesehenen Menschheitsentwicklung auch real entwickelt. Der reine Menschen-Geist, so wie er von Gott gedacht wurde, erscheint in den Verkörperungen dieser Individualität und zeigt die Entwicklung des Geistes am wahrhaftigsten, am vollkommensten. Nicht ein ‚All-Eins-Wesen', sondern individuell ist sie, aber mit einer das Menschheitswohl umfassenden Aufgabe und einer tiefen Ähnlichkeit mit dem Wesen des menschlichen Geistes selbst, der Intelligenz, wie sie rein göttlich gemeint ist.

Wenn wir jetzt, 83 Jahre nach Rudolf Steiners Tod, über ihn denken wollen, müssen wir ihn noch viel größer zu sehen wagen, als er als Rudolf Steiner war. Denn er ist nicht mehr ‚Rudolf Steiner', kein Mann, keine Frau. Er ist das Wesen, das die menschliche Intelligenz retten muss, sie für die Götter erhalten muss.

Wenden wir uns nun diesem Kampf zu.

Im vergangenen Jahrhundert haben wir eine stürmische Entwicklung intelligenter Erfindungen gesehen, und diese entwickeln sich immer stürmischer. ‚Artificial Intelligence' ist ein Medium geworden, dass von Menschen gefunden wurde, das jedoch die bloße menschliche Intelligenz gewaltig übersteigt. Die Entdeckung der Kernspaltung ist etwas Vergleichbares, es ist ein durch die Intelligenz entdecktes ‚Willensartiges', das den menschlichen Willen ebenfalls gewaltig übersteigt. Die Technik vernichtet das ökologische Gleichgewicht, man erfindet Maßnahmen, um dieses Gleichgewicht künstlich zu handhaben, aber die Maßnahmen selbst können z.B. im Wettergeschehen Folgen auslösen, die man ebenso wenig bewältigen kann.

Es wird hieraus deutlich, dass die menschliche Intelligenz nicht mit dem Menschlichen selbst Schritt hält. Was bedeutet das?

Es war eine göttliche Absicht, die kosmische Intelligenz im Menschengeist sich reflektieren zu lassen. Der Mensch sollte nicht von ihr überwältigt werden, sondern die Fähigkeit haben, sie selbst in seine ‚Verwaltung' zu bekommen, während er die kosmischen Gedanken als ‚abgeklärte' Verstandesgedanken erhält und lernen kann, sich darin ganz einzuleben.

Wenn aber der Gott unsichtbar geworden ist, kann man auch *nicht* an ihn glauben. Aus dieser von Gott gegeben Freiheit entsteht der Materialismus. Und auf diesem Feld der Intelligenz, die sich nur mit Sinnlichem befassen will, kann sie durch Wesen, die sie begehren, die sie für sich haben wollen, benutzt werden. Diese Wesen können in dem Medium, im ‚Stoff' der menschlichen Intelligenz ihre eigenen Antriebe verkörpern. Und weil sie eine viel höhere – man kann auch sagen: niedrigere – Entwicklungsstufe haben als der Mensch, können sie in diesem intelligenten Medium zustande bringen, was der Mensch allein nie vermöchte.

So wie ein Mensch wie Rudolf Steiner seine Intelligenz den göttlichen Wesen zur Verfügung gestellt hat – und das kann nur in Freiheit, aus eigenem Willen geschehen –, so stellt die nicht im selbstbewussten Erkennen lebende Menschheit ihre Intelligenz den ahrimanischen Wesen (dem Fürst der Welt, Herr des Todes oder Satan) zur Verfügung. Das geht von selbst, sie drängen sich hinein, fliehen *nur* vor einer sich selbst erkennenden Intelligenz. Diese Wesen brauchen die Intelligenz von Menschen, die sie in glänzender Form besitzen, die stolz darauf sind, die mehr wollen, als sie normalerweise gekonnt hätten. Diese Wesen wollen selbstverständlich nichts denken lassen, was irgendeine Verbindung mit dem Göttlichen hat, was irgendeine Verbindung mit der reinen menschlichen Intelligenz hat. Sie stellen sich der Entwicklung des reinen Denkens mit aller Schärfe und Gewalt entgegen – denn dieses ist ihr größter Feind. Die ‚Artificial Intelligence' also, die Atomtechnik, die Umwelttechnik, aber auch die Schulmedizin, die Politik, sie alle sind Diener dieser Wesen. Überall, wo der Mensch über seine Fähigkeiten hinaussteigt, ohne sich zuerst zum reinen Geist emporgearbeitet zu haben, sieht man die Tätigkeit dieser Wesen. Der Verwalter der Intelligenz, die Michael-Macht, muss dies zulassen, denn die menschliche Freiheit war ja beabsichtigt. Die Michael-Macht selbst hat diese Wesen – verbildlicht im Drachen – längst überwunden. Der Mensch aber muss erst zur Einsicht kommen – und kann das um seiner Freiheit willen nicht durch göttliche Inspiration.

Es müssen menschliche Wesen selbst diese Einsicht verbreiten. Ein solches menschliches Wesen war Rudolf Steiner. Er lebte, bevor dieser Prozess der ‚Artificial Intelligence' recht in Gang kam.

Was tut er heute?

Die Wirksamkeit der Individualität Rudolf Steiners heute

Um die Tätigkeit dieses Menschen, damals und heute, empfinden zu können, muss ein Wesensmerkmal von ihm geschildert werden, das noch nicht genannt wurde. Es ist eigentlich nicht in Worten auszudrücken, weil Worte immer noch am materiellen Dasein haften, auch wenn sie den Geist beschreiben sollen. Die Eigenschaft der Individualität, die hier gesucht wird, ist eine allgemein-menschliche und trotzdem sehr individuell. Sie kann nicht inhaltlich benannt werden, es gibt kein ‚Was'. Es gibt aber auch kein ‚Wie', denn auch eine Art und Weise, in der diese Eigenschaft sich äußert, gibt es eigentlich nicht recht. ‚Dass' wäre der richtige Hinweis. Es kommt auf die Verwirklichung an, darauf, ‚dass sie tätig ist'. Diese Eigenschaft existiert nur, wenn sie realisiert wird. Wenn nicht, hat es gar keinen Sinn, etwas darüber auszusagen. Wenn sie aber nicht genannt wird, wird die Individualität Rudolf Steiners nicht einmal annähernd richtig erfasst.

Um also eine Ahnung von der Wirksamkeit dieses Urbildes der Intelligenz, der sich selbst bewusst verstehenden Intelligenz, bekommen zu können, müssen wir sein Wesen aufs Neue zu erfassen suchen, jetzt in Bezug auf dieses ‚Dass', das sich in dem viel verwendeten und trotzdem selten in seinem Begriff erfassten Wort ‚Liebe' ausdrücken will. Wenn wir verstehen wollen, was ‚Liebe' ist, dann können wir sie nicht in einem Inhalt fassen, sie lässt sich nicht als ein ‚Was' schildern. Aber auch das ‚Wie' genügt nicht. Natürlich kann man viele Beispiele anführen, die klar zeigen, wie sehr Rudolf Steiner eine liebe-volle Persönlichkeit war.[58]

Woldemar Sacks erzählt:

‚Mehr aber als alle Gespräche offenbarte mir ein kleines Ereignis den wahrhaft großen Menschen. Als wir eines Abends wieder miteinander debattierten, setzte sich der unvergessene Dichter und ewige Bohémien Peter Hille zu uns an den Tisch und bestellte beim Ober eine Tasse Kaffee. Da wir nun alle wussten, dass Hille stets ohne Geld war, spitzten wir uns drauf, wie er sich aus der Affäre ziehen würde, denn ‚Pump' gab es im Café nicht. Trotzdem rief er beim Fortgehen: ‚Ober, zahlen!' Der Ober kam und sagte: ‚Der Kaffee ist schon bezahlt!' Darauf Peter Hille gerührt zu uns: ‚Fliegen hier Engel herum? Wer von Ihnen war's?' Nun war ich es wirklich nicht gewesen und Steiner schwor Stein und Bein, dass er froh sei, seinen Kaffee bezahlen zu können. Da niemand mehr im Lokal saß, ging Peter Hille kopfschüttelnd von dannen.
Als nun Steiner und ich in früher Morgenstunde das Café verließen, sagte er resigniert (er wohnte damals außerhalb Berlins): ‚Heute muss ich schon zu Fuß gehen – es langt nicht mehr zur Elektrischen!' Ich war natürlich zu ‚abgebrannt', um Steiner aushelfen zu können, aber – ich bot mich ihm als Begleiter an. Als wir nun so eine halbe Stunde plaudernd durch die Nacht gegangen waren, sagte er plötzlich: Sehn Sie, Saxerl, wie gut es war, dass ich bei Hille den Engel spielte – hätten wir sonst diesen schönen Nachtspaziergang gehabt?' – So klein dieses Erlebnis ist – es kennzeichnet den großen Charakter dieses nachherigen geistigen Repräsentanten der Menschheit.'

So gibt es viele Geschichten, eine davon möchte ich hier noch zitieren.[59]

‚Es geschah in Hilversum, am Eingang des Saales, wo Rudolf

Steiner einen Vortrag halten würde. Es wurde von Hern Kraan kontrolliert, den ich (selbst Hilversumer) schon jahrelang kannte, eine sehr gemütliche, ruhige Person.
Unter den Menschen, die hereinkamen, war ein Mann, der einen langen Mantel trug. Kraan hielt ihn an und bat ihn, seinen Mantel an der Garderobe abzugeben. Darauf sagte der Mann, dass er das nicht tun könnte, weil er unter seinem Mantel nur sein Hemd trug. Er war nicht einmal im Besitz eines Jacketts. Herr Kraan antwortete, dass es ihm aufrichtig leid tue, aber dass er in diesem Fall dennoch keine Ausnahme machen könnte. ‚Ich habe meine Anweisungen', sagte er entschuldigend.
Hinter ihm stand Steiner, der nun zu Herrn Kraan ganz ruhig sagte: ‚Ich würde diesen Herrn doch hereinlassen, denn wenn Sie ihn nicht hereinlassen, werde ich meinen Vortrag nicht halten.'

Die Liebesfähigkeit ist rein geistig, und deshalb so schwer zu erhaschen. Nur durch ‚umkreisende Bewegungen' ist das Ziel des Verständnisses einigermaßen zu erreichen.
Es gibt keinen einzigen Menschen, der die Liebe nicht kennt. Sogar der größte Verbrecher hat – wenigstens in unserem Zeitalter, vielleicht wird sich das in der Zukunft ändern – ein Fünkchen Liebe in sich oder sehnt sich danach. Wenn dieses Fünkchen angefacht wird, können tatsächlich Wunder geschehen.[60]

In den Niederlanden lebte ein Kabarettist, Toon Hermans, der seine Bühnentätigkeit unter anderem mit dem Streben erfüllte, die Theaterbesucher etwas von der Liebe erleben zu lassen. Er manifestierte sie durch seinen gewaltigen Einsatz, aber er versuchte auch, sich der Liebe, die jeder Mensch kennt, in Umschreibungen zu nähern:[61]

‚Wenn es die Liebe nicht gäbe,
Würden sie stillstehen, die Flüsse,
Und die Vögel und die Tiere,
Wenn es die Liebe nicht gäbe.

Wenn es die Liebe nicht gäbe,
Würde der Strand das Meer verlassen,
Hätten Sie nichts mehr zu besprechen,
Wenn es die Liebe nicht gäbe.

Wenn es die Liebe nicht gäbe,
Würde der Mond nicht länger leuchten
Und kein Dichter würde mehr dichten,
Wenn es die Liebe nicht gäbe,
Nirgends würden Blumen stehen,
Die Erde würde sich verfärben,
Überall geschlossene Türen –
Und die Glocke würde nicht mehr klingen...'

Auch versuchte er, die Menschen erleben zu lassen, dass die allumfassende Liebe zur geliebten Person sich zu einer Liebe zur erschaffenen Welt erweitern kann. Dass man die ganze Schöpfung liebend *leben* kann, sich in diese hinüber-erleben kann. Er tat das, indem er nicht sang: ‚Ich liebe den Frühling...', sondern ‚ich frühlinge dich'.

Nun, er lehrte die Liebe des Alltags, wie der Zen-Buddhist sie lehren kann.

In der Individualität Rudolf Steiner finden wir eine Steigerung dieser Liebefähigkeit.

Die Intelligenz hat drei Gesichter. Es kann uns eine glänzende, schöne, begeisterte, aber selbstgefällige Intelligenz geschenkt sein. Sie kommt von jenem Lichtträger, der alles Schöne und Intelligente als seine eigene Kapazität ausstrahlt. Luziferisch ist diese Intelligenz. *Sie* habe ich beim Darstellen des Urbildes der Intelligenz nicht *nur* im Auge gehabt.

Das zweite Gesicht kommt von den bereits beschriebenen ahrimanischen Wesen (sie gehören nicht dem Licht, sondern der Finsternis an). Diese Intelligenz hat nichts Künstlerisches, sie verleiht nur ein schnelles Analysieren und Kombinieren, eine blitzartige Fähigkeit zur Einsicht, ohne eine Ahnung, wie die Einsicht zustande kam oder worauf sie fußt. Die luziferische Intelligenz lebt im Denken an sich, im Gedanken-Haben, die ahrimanische Intelligenz gestaltet sich völlig an Hand der äußeren Sinneswahrnehmung.

Rudolf Steiner hat diese Polarität zu einer dritten Art der Intelligenz ausgeglichen, diese ist die rein menschliche, so wie sie von den Göttern für den Menschen beabsichtigt war. Durch das realisierte Wahrnehmen des Denkens geht der Mensch ‚mitten hindurch', zwischen Skylla und Charybdis. Diese dritte Art der Intelligenz ist diejenige, mit der der Mensch sich unter die Scharen der michaelischen Macht begibt.[62]

> *‚Nun konnte leicht Benedictus dem Professor Capesius zeigen: In dem einsamen Denken liegt wiederum die luziferische Verlockung; in dem bloßen Hinhorchen, in dem bloßen Wahrnehmen liegt das ahrimanische Element. Man kann aber einen mittleren Zustand einhalten, sozusagen zwischendurchgehen. Man braucht weder bloß zu verweilen in dem abstrakten, grüblerischen Denken, wobei man sich einsiedlerisch in der Seele abschließt, noch sich hinzugeben dem bloßen Hinhören und Hinsehen auf das, was die Ohren und Augen wahrnehmen können. Man kann noch ein anderes tun, indem man das, was*

man denkt, innerlich so lebendig macht, so kraftvoll macht, dass man den eigenen Gedanken wie etwas Lebendiges vor sich hat und in ihn lebendig sich vertieft wie in etwas, was man draußen hört und sieht, so dass der eigene Gedanke so konkret wird wie das, was man hört oder sieht. Das ist ein mittlerer Zustand. In dem bloßen Gedanken, der dem Grübeln zugrunde liegt, da liegt das Herantreten des Luzifer an den Menschen; in dem bloßen Hinhören, sei es durch das Wahrnehmen oder sei es durch die Autorität der Menschen, liegt das ahrimanische Element. Wenn man innerlich erkraftet und erweckt die Seele, dass man seinen Gedanken gleichsam hört oder sieht, dann hat man das Meditieren. Das Meditieren ist ein mittlerer Zustand. Es ist weder Denken noch Wahrnehmen. Es ist ein Denken, das so lebendig in der Seele lebt, wie das Wahrnehmen lebendig lebt, und es ist ein Wahrnehmen, das nicht Äußeres sondern Gedanken in der Wahrnehmung hat. Zwischen dem luziferischen Element des Gedankens und dem ahrimanischen Element der Wahrnehmung fließt hin das Seelenleben im Meditieren als in dem göttlich-geistigen Element, das nur den Fortschritt der Welterscheinungen in sich trägt. Der meditierende Mensch, der in seinen Gedanken so lebt, dass sie lebendig in ihm werden, wie Wahrnehmungen in ihm sind, lebt in dem göttlichen Dahinströmen. Rechts hat er den bloßen Gedanken; links das ahrimanische Element, das bloße Hinhorchen; und er schließt nicht das eine und das andere aus, sondern weiß, dass er in einer Dreiheit lebt, dass die Zahl das Leben regelt. Und er weiß, dass eine Polarität, ein Gegensatz da ist, ein Gegensatz zweier Dinge, zwischen denen das luziferische und das ahrimanische Element hier in dem Meditieren sich das Gleichgewicht halten müssen.'

Dazu aber kommt noch die Liebe. Wir finden das ausgeglichene, wahrgenommene Denken schon im ersten

Teil der ‚Philosophie der Freiheit'. Die Liebe erscheint im zweiten Teil, wo sie auch nicht regelrecht geschildert wird, sondern eben *erscheint*.

Wir müssen den Ausgangspunkt im alltäglichen Leben nehmen. Das irdische Leben ist die Schule der Liebe. Sie ist kein bloßes Gefühl, sie ist kein Gedanke. Sie ist durch und durch Tat. Wie denn? Wir kennen die Liebe vor allem, weil wir diesen einzigartigen Menschen lieben können, der unser Lebensgefährte wird, der Partner für das Leben. Sehen wir einmal ab von allen Fehlschlägen, allen Irrtümern usw. Es gibt diese Liebe für einen bestimmten Mann, eine bestimmte Frau. Wenn es Liebe ist, die durch das ganze stürmische Leben bei uns bleibt, ‚in guten und in schlechten Zeiten', dann ist sie nicht nur ein Gedanke oder ein Gefühl. Sie hat ja die Kraft, Ausdauer zu verleihen, Treue, Geduld, Beharrlichkeit. Das ist Wille, das ist Tat.

Man kann sie unmöglich benennen, diese Liebe. Sie ist eine unwahrnehmbare Kraft, die Wunder wirken kann. Sie deutet auf das Opfer des Eigen-Interesses, aber in Zusammenhang mit der von den Geliebten geschenkten Selbsterkenntnis: Der andere gibt einem das Selbst-Gefühl, das man selbst wiederum dem anderen gibt. Man fühlt in der wahren Liebe nicht sich selbst, sondern den Anderen. Der Andere erlebt dadurch, wer er ist, und dies wechselseitig. Dadurch wird die Kraft frei, die alle im Leben auftretenden Schwierigkeiten durch das Zusammenleben überwinden lässt.

Dieses Geschehen soll sich nun auf andere Menschen ausdehnen, auf alle Menschen, die ganze Schöpfung, jede Pflanze, jeden Stern, jedes Tier... Die Selbst-Erkenntnis muss geopfert werden an das Andere, das einen dann aber mit der Seligkeit der anderen Existenz erfüllt. Kein

Schwärmen ist dies, sondern ein fortwährendes Geschehen, ein Tätig-Sein. Das tatsächliche Erleben der Existenz des Anderen schenkt dann die Idee zur sinnlichen Tat, die moralische Intuition. Dieselbe Liebe, die im Erleben des anderen Daseins lebte, wird nun zur Tat, die dann ebenfalls um ihrer selbst willen geliebt wird.

Das ist der zweite Teil der ‚Philosophie der Freiheit'.

Es gibt nun ein Geschehen in der menschlichen Entwicklung, das in vollkommen gesättigter Form, ganz davon durchdrungen, die Liebe als Tat miterleben lässt. Nur der Mensch, der sich selbst zu Verständnis und Tätigkeit emporarbeitet, kann ein Miterleben jenes Geschehens in seiner vollen geistigen Realität erlangen. Dieses Geschehen ist ‚das Christentum als mystische Tatsache', es ist die Tat des Gottessohnes, sich ganz in einen Menschen auszugießen, sich ihm völlig hinzugeben, um durch den Tod als Geist der Erde geboren werden zu können. Dieser Geist, der Christusgeist, durchdringt dann nach dem Tode nicht nur den Menschenleib, sondern den ganzen Erdenleib. Novalis drückt das aus in den poetischen Zeilen:

‚Wie Er von Liebe nur beweget
sich ganz uns hingegeben hat,
und in die Erde sich geleget
zum Grundstein einer Gottesstadt.'

In diesen Zeilen lässt sich die Liebe als Geschehen erleben.

Dann hat der Geistesforscher noch einen Schritt gemacht, eine neue Stufe erstiegen. Diese Liebe, die durch die Liebestat Gottes uns als zu entwickelnde Fähigkeit geschenkt wurde, musste nun in die bereits errungene Fähigkeit des sich selbst wahrnehmenden Denkens, sich erkennenden Denkens einfließen. Der Geistesforscher musste jene Liebe, die das Selbst-Opfer darstellt, indem das Selbst sich in das Andere verwandelt, in die Erkenntnis hineinbringen. Da erst ‚führt Michael zu Christus'.

Diese Liebe selbst hatte bereits der Heilige Philosoph. Es gibt auch von ihm Erzählungen, die zeigen, wie er zu diesem Opfer des Sich-Selbst-Fühlens fähig war:[63]

‚In Bologna trifft ihn einmal, während er den Klostergang entlanggeht, um zu meditieren, ein Bruder eines anderen Klosters, der ihn nicht kennt. Der Prior hatte diesem Bruder die Erlaubnis gegeben, in Gesellschaft des erstbesten Bruders, dem er begegnen würde, in die Stadt zu gehen. ‚Werter Bruder', sagte er zu Thomas, ‚der Prior hat gesagt, dass Sie mit mir gehen müssen.' Magister Thomas von Aquino folgte jenem Bruder unmittelbar, begleitete ihn auf seiner Wanderung und ließ sich zurechtweisen, wenn er sich nicht genügend beeilte. Er war weniger schnell im Laufen als im Gehorchen, ‚wodurch', nach seinen Worten, ‚das religiöse Leben gänzlich vervollkommnet wird, weil der Mensch sich dann dem Menschen um Gottes willen unterwirft, wie Gott um des Menschen willen dem Menschen gehorcht hat.'

....

‚Er wollte lieber naiv erscheinen, als einfach an das Böse zu glauben: Die Vollkommenheit des Verstandes wird übrigens durch ein Irren in relativen Dingen nicht verletzt. Wenn ein Bruder in einer fröhlichen Laune ihn mit den Worten ans Fenster ruft: ‚Bruder Thomas, komm einmal schauen, da fliegt ein Ochse', geht Bruder Thomas zum Fenster, aber der andere beginnt zu lachen. ‚Es ist besser', sagt der Heilige zu ihm, ‚zu

glauben, dass ein Ochse fliegen kann, als zu denken, dass ein Mönch lügen kann."

Dieselbe Opferbereitschaft hatte auch der junge Ritterknappe, der für seine Geliebte den Hund Gardevias holen wollte, damit sie die Sternenschrift lesen könnte – und dafür starb.

Die Liebe dieser Individualität muss sich entzündet haben, als sie von der geistigen Welt aus auf die auf Erden sich ereignende größte Liebestat hinschaute, die es je gegeben hat: Inkarnation, Leiden, Tod und Auferstehung Christi.

Wir erleben diese Liebefähigkeit beim Schauen des Heiligen Philosophen, wie er vor dem Kreuze kniet, dem Christus begegnet und darauf die Gedankenarbeit seines ganzen Lebens für Stroh erklärt.

Man sollte sich tief mit dieser Devotion auseinandersetzen, sie zu erleben versuchen, sie nachahmen wollen, sie in sich züchten wollen.

Erst wenn wir uns damit durchdrungen fühlen, gibt es eine Möglichkeit, die Liebefähigkeit Rudolf Steiners zu verstehen.

Er war Mensch, man muss ihn nicht als unfehlbar sehen wollen. Er war rein, heilig, aber er trat mit den Füßen auf die Erde, und diese müssen nun einmal gewaschen werden, auch wenn man sonst rein ist. Es nützt nichts, mit einem Vergrößerungsglas – denn das braucht man dann wirklich – nach Fehlern zu suchen. Der Meister hat selbst gesagt, man würde sie sicher finden. Ich selbst bin sicher, dass man sie nicht leicht finden kann, wohl aber findet man Aussagen, die nicht dem ‚Trend' entsprechen, an denen man sich stoßen kann. Ist etwas aber unwahr, wenn es verletzend ist? Darf nur gesagt werden, was nicht verletzend ist? Dann müsste die ganze Welt sich in tiefes Schweigen hüllen, denn es wird fast nur Verletzendes gesprochen ... und dieses Gesprochene ist meistens nicht einmal wahr.

Er war aber heilig, hatte eine geheiligte Erkenntnisfähigkeit, in die die Liebe hinaufströmte. In Vortragsnachschriften, in denen nur Zusammenfassungen des Gesprochenen gedruckt sind, kann man dies nicht gut empfinden. Wenn jedoch das ganze gesprochene Wort aus mitstenographiertem Text zu erleben ist, empfindet man diese Liebe in der Erkenntnis. Wie man die Liebe in einem bestimmten geistlichen Lied von Novalis spüren kann (es drückt die Liebe Christi aus), so kann man in solchen Vorträgen von Rudolf Steiner die ‚Liebe Christi', die in einem Menschen Tatsache geworden ist, miterleben. Diese tiefe Innigkeit deutet nicht auf Gedanken, nicht auf Gefühle, sondern auf Geschehen, auf etwas, was real geschah während des Sprechens. Wenn man dabei sein konnte, als Zuhörer, muss es erschütternd gewirkt haben, tief rührend, die ganze Seele verwandelnd. Beim Lesen der Vorträge bleibt es bei einer zarten Empfindung, die aber sehr lehrreich ist. Sie lehrt den Leser die notwendige Devotion bei der Hinwendung zur geistigen Welt, die richtige Ehrfurcht, die mit einer so hoch aufsteigenden Erkenntnis das Gleichgewicht halten muss. Dieses Geschehen der Seele ist Liebe.

Mit dieser Liebe, die Tat ist, hat Rudolf Steiner dann die Anthroposophische Gesellschaft aufgelöst, während der Weihnachtstagung neu gegründet und sich als geistiger Lehrer liebend ihr hingegeben. Seine Geist-Seele war Trägerin des esoterischen Zuges, den er in Liebe in die Allgemeine Anthroposophische Gesellschaft hineingab.

Als er dann starb, musste er diesen esoterischen Zug wiederum herausziehen, mitführen in die geistige Welt, denn er war es ja in gewissem Sinne ganz und gar selbst. Mit ihm starb die Gesellschaft.

Wie hat er jedoch nach seinem Tode weitergewirkt?

Seine Geistesfreundin Ita Wegman war fest davon überzeugt, dass er weiter mit der Gesellschaft verbunden wäre, wenn die Mitglieder ihn als lebendig realen Lehrer zu empfinden versuchen würden. Seine Frau Marie Steiner war anderer Ansicht. Sie wollte sich in Bescheidenheit der Läuterung der eigenen Seele hingeben, um sich würdig zu machen, den Lehrer erleben zu dürfen.

Wie immer bei solchen stark auseinanderstrebenden Ansichten haben beide Recht, und die Wahrheit liegt mitten zwischen beiden.

Wir wissen, dass nach dem Tod der Ätherleib sich in den Weltenäther auflöst. Wir wissen jedoch auch, dass bestimmte Ätherleiber, von Eingeweihten oder großen Geistern wie z.B. Goethe, erhalten bleiben, dass sie für sich existierende Gebilde sind. Sie sind wie Bücher, in denen die errungene menschliche Weisheit aufgespeichert ist. Der auf Erden lebende Mensch kann in diesen ‚Büchern' lesen lernen, das ist einfacher, als z.B. das Lesen in der Akasha-Chronik.

Mit dem physischen Leib kann man darin nicht lesen. Der an das physische Gehirn gebundene Verstand erlebt nicht einmal die Existenz dieser ätherischen Bücher. Aber auch der gebildete Anthroposoph kann nicht darin lesen. Er liest die auf die Erde gekommenen anthroposophischen Gedanken, liest sie aber unter Mithilfe des Gehirns, hat demzufolge nur den Verstandesinhalt. Selbst mit dem in reinen Gedanken verlaufenden Denken kann man noch nicht lesen. Das reine Denken hat sich zwar aus der Gebundenheit an das sinnliche Dasein befreit, es denkt jedoch noch nicht ‚gehirnfrei'.

Hat man es aber einmal soweit gebracht, dass jeglicher Inhalt – auch jeder reine Inhalt also – aus dem Denken entfernt ist und es trotzdem noch ein Denken gibt, das dann Kraft und Bewegung ist, *dann* gibt es eine Möglichkeit zum Lesen. Das wird dem Meditierenden im Anfang vielleicht gar nicht zum Bewusstsein kommen. Wenn er aber die Inhalte der Geisteswissenschaft in dieses ‚Medium' aufnimmt, verwandeln sie sich in bewegendes Leben, die Inhalte werden reicher, lebendiger, vollkommener. Sie werden Realitäten, die einen belehren können. Man liest im Gedankenleib des Geistesforschers.

Dann aber werden die aus dem Werk Rudolf Steiners bekannten Gedanken verwandelt – denn der Gedankenleib ist ja selbst in Entwicklung. Er bleibt nicht wie ein Leichnam starr derselbe oder fällt sogar auseinander; er wächst, metamorphosiert sich, ist in Wechselwirkung mit der ätherischen Umgebung. Die Philosophie der Freiheit findet man dort wieder, in verwandelter Gestalt.

In der heutigen anthroposophischen Welt gibt es viele Menschen, die finden, man könne sich heute nicht mehr vollständig auf die Aussagen von Rudolf Steiner gründen, denn die Zeit sei jetzt ja eine ganz andere. Mit ihrem nicht weiterentwickelten Verstand machen sie sich dann daran, zu versuchen, der alten Anthroposophie ein ‚modernes Antlitz' zu geben. Im tieferen Sinne haben sie ja Recht, die Anthroposophie muss ihre Gestalt wechseln, sie muss sich mit der Zeit mit entwickeln. Das kann der am Gehirn haftende Verstand jedoch nie. Gerade dieser muss sich entwickeln, damit der Mensch im lebendigen Ätherleib der Anthroposophie lesen lernt. Da findet er dann die verwandelte Anthroposophie. Da findet er die lebendige Erkenntnis der Seele, des Geistes, des Phantoms, des Pfades der Erkenntnis selbst, wie er jetzt gegangen werden kann.

Wer diesen Philosophen, diesen Heiligen Philosophen, diesen Geistesforscher, diesen Christusboten wirklich liebt, hat auch eine Beziehung zu seiner Seele. Diese ist etwas sehr Intimes, und es geziemt uns, nur mit Scheu darüber zu sprechen. Es soll aber darüber gesprochen werden, denn wir brauchen diese Beziehung.

Wer Hilfe braucht in seinen Lebenstatsachen oder seinen Aufgaben in der Welt, kann sich bittend zu Christus wenden. Im Johannes-Evangelium (Joh. 14, 12-14) finden wir dies am deutlichsten:

> ‚*Wahrlich, wahrlich, ich sage euch: Wer an mich glaubt, der wird die Werke auch tun, die ich tue, und wird größere als diese tun, denn ich gehe zum Vater. Und was ihr bitten werdet in meinem Namen, das will ich tun, auf dass der Vater verherrlicht werde im Sohn. Was ihr mich bitten werdet in meinem Namen, das will ich tun.*'

Der Geistesforscher ist kein Gott, er kann in dieser Weise nicht wirken – zu welcher Stufe er auch aufgestiegen ist.

Trotzdem können wir uns zu ihm wenden und Fragen stellen. Er kann uns *Erkenntnisse* schenken, wir können Ratschläge im Erkennen bekommen. So wirkt die Beziehung zu seiner Seele.

Dazu müssen wir uns zuerst zum reinen Denken hinaufbegeben. Die *Art* des reinen Denkens müssen wir dann in eine gewisse Ähnlichkeit mit der Arbeit Rudolf Steiners zu bringen versuchen. Man muss sich also im reinen Denken in *seine* Art einleben. Von da aus muss man sich dann seine eigene Frage *anschauen*, und im Moment des Anschauens wird schon die Antwort in uns gedacht. Wenn nicht, ist der Versuch misslungen. Suchen wir trotzdem weiter, so kommen wir in unsere eigenen Gedanken zurück, und die Antwort wird dann die unsrige sein.

Wie zu einem Freund können wir uns zu ihm wenden, auch wenn wir Rat für unser eigenes Leben brauchen. Dann aber wird uns auch die spezifische Art dieser Seele klar. Denn was immer wieder zu uns hinübertönt, ist: Habe keine Angst, keine Furcht! Das scheint wohl Wesenskennzeichen dieser Seele zu sein, die Kraft zur Überwindung aller Angst und Furcht, die Kraft, die zusammenhängt mit dem Vertrauen zum eigenen Karma. Und diese Ermutigungen sind nicht bloß gedanklicher Art, wie die Ermutigungen eines Mitmenschen. Sie *wirken* tatsächlich, durch sie kann man die Lebensschwierigkeiten besser ertragen, weiß man besser, wie man sich zu verhalten hat.

Dem Christus können wir das Vertrauen zutragen, dass Er unser Karma auch wirklich ändern kann. Der Geistesforscher gibt lebendig wirksame Ratschläge.

Auch können wir ihn fragen über die Beziehungen zu unseren Mitmenschen. Dann bekommen wir eine zweite Art dieser Seele zu erkennen. Die Antworten kommen immer unmittelbar während des Anschauens unserer eigenen Fragen, und sie überkommen uns ganz und gar ursprünglich. Selbst hätten wir uns eine solche Antwort nie gegeben, *haben* sie auch noch nie gegeben. Und wenn auch ihr Inhalt gleichsam immer wieder gleich zu sein scheint, *wirkt* sie immer anders, verschieden, differenziert. Der Inhalt deutet immer hin auf das Miterleben mit dem anderen, auf Mitfühlen, Mitleid und Mitfreude.

Das darf man sich aber nicht einfältig vorstellen. Man hat mir Mitleidlosigkeit vorgeworfen in meinem Buch gegen Judith von Halle.[64] Da haben wir es aber keineswegs mit der Persönlichkeit von Judith von Halle zu tun. Sie trägt selbst die Verantwortung, ich habe mich an keiner einzigen Stelle darin eingemischt. Wenn man aber in der Öffentlichkeit auftritt, sind die Äußerungen dazu da, um mit dem eigenen Urteilsvermögen mitvollzogen zu werden. Ausgesprochenes, Geschriebenes, muss auf Wahrheit geprüft werden, sonst sind wir nur folgsame Sklaven. Bei Judith von Halle ergab sich die Schwierigkeit, dass sie selbst ihre Aussagen mit ihrer Persönlichkeit (ihrem Leib) verbindet, wodurch ihre Aussagen nicht frei dastehen. Gerade *dies* musste Ausgangspunkt der Kritik werden. In diesem Urteil hat also das Mitleid keine Funktion. Ich würde das Gefühl haben, mich über sie erhoben zu haben, wenn ich Mitleid gefühlt hätte, denn der Kampf spielt sich im ‚Überseelischen' ab, es betrifft einen Geisteskampf, den Kampf um die Wahrheit.

Mitleid gehört zum seelischen Miterleben, zum Mitfühlen mit den Seelenwogen anderer Geschöpfe. Man braucht kein Mitleid mit falschen Ansichten zu haben. Man braucht es aber, wenn der Andere starke seelische – meist persönliche – Erlebnisse hat: Kann man kein Mitgefühl aufbringen, so steht der Andere vereinsamt da, ganz allein mit seinen Gefühlen. Das Mitfühlen löst das Leid des Anderen auf, die Mitfreude macht die Freude stärker. ‚Geteiltes Leid ist halbes Leid', aber geteilte Freude ist tatsächlich doppelte, dreifache, vielfache Freude.

Die Seele des Geistesforschers gibt diese Antworten nicht moralisierend – wie sie hier vielleicht klingen. Man empfängt sie unmittelbar als seine eigenen Einsichten, und die eigene Sittlichkeit ist nie moralisierend.

Darüber hinaus gibt es aber auch tatsächliche seelische Erkenntnisse, die man hier schöpfen kann.

In den Mysterien von Ephesus hatte der Geistesforscher bereits die Erkenntnisse der Wandelsterne gehabt und vermittelt. Er wusste, wie die Kräfte dieser Wandelsterne in materialisierter Form auf der Erde als Metalle vorkommen. Nun ist aber die seelische Welt die gleiche wie die der Wandelsterne, zu ihr gehört die Seele mit ihren Gliederungen, Astralleib, Empfindungsseele, Verstandesseele, Bewusstseinsseele. Diese Welt trägt zugleich auch die charakteristischen seelischen Eigenschaften, die mit der Wirksamkeit der Metalle zusammenhängen.

In seiner Zusammenarbeit mit seiner Geistesfreundin Ita Wegman musste diese Erkenntnis der Wandelsterne und des Zusammenhangs mit den Metallen noch erneuert werden, es sollte das Thema eines zweiten medizinischen Buches werden. Der Geistesforscher starb jedoch vorher. Die Erkenntnisse sind aber Teil seiner seelischen Wesenheit, und man kann durch die Beziehung zu ihr seine eigenen diesbezüglichen Erkenntnisse, die vorerst nur verstandesmäßig sind, seelisch-geistig erweitern.

In einer der letzten Vortragsreihen, ‚Das Initiatenbewusstsein'[65], kann man einen Vorgeschmack dieser Erkenntnisse haben, die eine Nachwirkung und Umwandlung des Mysterienwissens von Ephesus bedeuten. Hier werden die Planetenwesenheiten, in den irdischen Metallen verkörpert, als Stufen der geistigen Entwicklung dargestellt, in Zusammenhang mit den Stellen der ‚Lotusblumen'. Der makrokosmische Mensch geht einem ahnend auf, es erscheint ausgedehnt im Kosmos das Herz mit der Sonne, der Kopf mit Saturn und weiter hinauf zu den Fixsternen, die Fortpflanzungsorgane mit dem Mond, die Füße auf der Erde. Die kosmische Sophia erscheint, und man bekommt eine Ahnung von der eigentlichen Anthroposophia. Das ist die im Raume ausgedehnte menschliche Gestalt.

Es gibt aber auch eine zeitliche Gestaltung dieser Planetenkräfte, die der Geistesforscher in seiner Vortragsreihe ‚Das Osterfest als ein Stück Mysteriengeschichte der Menschheit'[66] gab. Dort bringt er die seelische Welt in Zusammenhang mit dem Hinuntersteigen des Geistig-Seelischen zur Erde, wobei die Seele sich die Planetenkräfte eingliedert, zusammengefasst in dem Spruch:

Weltentsprossenes Wesen, du in Lichtgestalt
Von der Sonne erkraftet in der Mondgewalt,

Dich beschenket des Mars erschaffendes Klingen
Und Merkurs gliedbewegende Schwingen

Dich erleuchtet Jupiters erstrahlende Weisheit
Und der Venus liebetragende Schönheit –

Dass Saturns weltalte Geist-Innigkeit
Dich dem Raumessein und Zeitenwerden weihe!

Hier wird der kosmische Mensch in die Zeit übertragen, gibt er sich dem Ätherischen und schließlich auch dem Physischen hin, indem er die Planetenkräfte in seinen Ätherleib überträgt, der z.B. dann die ‚Anleitung' zur physischen Ausgestaltung der Organe gibt, aber auch die Möglichkeit, auf Erden die menschlichen Qualitäten zu verwirklichen.

Es ist nicht ein Wiederholen der Erkenntnisse Rudolf Steiners, wenn man sich in wirkliche Beziehung zum lebendigen Geistesforscher bringt. Es ist wie der Unterschied zwischen einem Strauß getrockneter Rosen und dem lebendig wachsenden Rosenstrauch. Sogar noch schärfer ist der Unterschied, denn die Rose bringt immer nur wieder Rosen hervor, während die lebendige Erkenntnis unerwartet Neues erleben lässt (wie es oben bereits als Lebensprozess, als ‚Hervorbringung' beschrieben wurde).

Hellsichtig braucht man gar nicht zu sein. Es ist eine Zwischenstufe. Das lebendige Kraft-Denken muss da sein, und die Fähigkeit, darin weiterzudenken, was man schon hat – in Beziehung zum Wesen jener Individualität, die in der letzten Inkarnation Rudolf Steiner hieß.

Die Beziehung zum Geiste Rudolf Steiners

Es ist eine kühne Sehnsucht, sich zum Geist dieses Geistesforschers erheben zu wollen, dennoch ist sie berechtigt. Er selbst hat als Rudolf Steiner seine Schüler aufgefordert, seinen Mysteriennamen zu erforschen – eine Tätigkeit die wir jetzt ausüben und die uns gerade zu diesem Geist erheben soll. Wir wollen nun aber nicht einen inhaltlichen Eindruck seines Wesens bekommen – das haben wir schon versucht. Jetzt wollen wir eine tatsächliche Beziehung zu ihm suchen.

Das Erfassen des Geistes geschieht durch die Erkenntnisstufe der Intuition. Diese haben wir von Natur aus nur im Erfassen eines Begriffs. Wenn wir das reine Denken entwickelt haben, haben wir die Intuition auch im Erfassen des Denkens selbst. Mit diesem intuitiv erfassten reinen Denken finden wir den Geist einer Individualität nur, wenn wir nach einer Art Zusammenfassung der geistigen Tätigkeit der letzten Inkarnation suchen.

Rudolf Steiner selbst hat mehrmals ausgesprochen, dass es seine Aufgabe war, eine christliche ‚Lehre' von Reinkarnation und Karma zu bringen. Es ist vollkommen deutlich, dass er diese gebracht hat, und dass sie auch tatsächlich wirksam ist. Wenn alles andere in der Anthroposophie leblos ist, diese Idee von Reinkarnation und Karma lebt, denn sie ist von einer großen Anzahl von Menschen völlig in die Auffassung über Leben und Tod aufgenommen worden. Kinder, die die Waldorfschule besuchen, haben oft völlig ‚natürlich' das Lebensgefühl, dass sie bereits früher dagewesen sind und dass sie auch wiederum da sein werden. Das ist in jedem Fall eine schöne Frucht der Tätigkeit Rudolf Steiners. Diese Idee ist nicht mehr ‚nur eine Idee', sie wirkt das ganze Leben hindurch, gibt andere, neue Möglichkeiten, sich selbst und den Mitmenschen zu erleben und gegenüberzutreten. Natürlich ist dadurch auch eine neue Gelegenheit entstanden, den Anderen zu kritisieren, bestimmte Krankheiten als Folgen von Verirrungen zu bestimmen usw. Tatsache ist aber, dass die Idee wirksam geworden ist.

Diese Idee ist jedoch Ausgestaltung eines tiefer gelegenen ‚Etwas', was man intuitiv erfassen kann, was die ganze umfangreiche Geisteswissenschaft in einen Begriff zusammenzieht, was also auch Reinkarnation und Karma zugrunde liegt:[67]

> *‚Doch der Name (Anthroposophie) war sehr gut gewählt. Und den Namen nahm ich dann herüber, als ich eben aus Untergründen heraus, die schon auch noch in diesen Vorträgen zutage treten werden, zunächst an ein Mehrfaches zu gehen hatte. Erstens: an die geistige, für jeden in die Geisterwelt Einblickenden sichergestellte Tatsache, dass es wiederholte Erdenleben gibt.'*

Für dieses intuitiv erfasste ‚Etwas' kann man das Wort ‚Entwicklung' wählen, nur muss man es so weit wie möglich denken können. Alles im Werk Rudolf Steiners deutet auf Entwicklung.

Wenn man die erkenntnistheoretischen Werke in der richtigen Weise studiert hat, hat man nicht nur sein Wissen bereichert. Man ist ein anderer Mensch geworden, mit einer erweiterten Erkenntnisfähigkeit. Im Text der Philosophie der Freiheit heißt es zum Beispiel noch: ‚Ich kann mein gegenwärtiges Denken *nie* beobachten, sondern nur die Erfahrungen, die ich über meinen Denkprozess gemacht habe, kann ich nachher zum Objekt des Denkens machen'.[68] Nach dem richtigen Studium dieser Freiheitsphilosophie ist man darüber hinausgewachsen: man *kann* tatsächlich sein gegenwärtiges Denken beobachten (und nicht nur die Erfahrungen im nachhinein). Das ist Frucht dieses Studiums, man hat sich dahin entwickelt.

In ‚Die Mystik...' wird die Entwicklung des neuen Sinnes besprochen; in ‚Das Christentum als mystische Tatsache' wird die Tatsache der Entwicklung an sich dargestellt. ‚Wie erlangt man...' gibt den Weg der Entwicklung der Seele zum Geist, ‚Die Geheimwissenschaft' lässt miterleben, wie die Erde Teil eines großartigen und erhabenen Entwicklungsprozesses ist, in dem alle daran beteiligten Wesen sich immer weiter entwickeln, wenn sie auch nicht alle gleichen Schritt halten. Die Mysteriendramen zeigen die Entwicklung der Individualitäten durch Inkarnationen hindurch; die christlichen Vorträge weisen auf das Wesen hin, das eine freie, selbstständige Entwicklung überhaupt erst ermöglicht: dieses Wesen ist Entwicklung an sich.

‚Der Tod als Lebenswandlung' gibt Entwicklung wieder, in ‚Philosophie und Anthroposophie' wird die ‚Philosophie der Freiheit' weiter entwickelt. Die Dreigliederung des sozialen Organismus fördert Entwicklung – und schließlich ist die Weihnachtstagung das In-Entwicklung-Versetzen der erstarrenden Anthroposophischen Gesellschaft.

Nun, der Leser kann diese Liste bis ins Unendliche erweitern. Der Tod Rudolf Steiners sollte dann als letzter Entwicklungsschritt gesehen werden: notwendig, weil sonst seine Entwicklung und damit die Weiterentwicklung der Anthroposophie gehemmt wird.

Was aber ist Entwicklung?

Das ‚Panta Rhei' des alten Heraklit kommt hier in einer neuen Form zur Erscheinung. Alles ist in Fluss, alles ist Geschehen, ein Stillstehen gibt es nur, weil sich neue Kräfte zum Geschehen sammeln müssen. Entwicklung ist jedoch nicht *nur* Geschehen, sie hat auch einen Inhalt, ein ‚Was', und eine Form, ein ‚Wie'. Entwicklung lebt im Geschehen zu immer höherer und höherer Vollkommenheit, zu immer neuen Fähigkeiten und Eigenschaften. Und dieses Hinleben zur Vollkommenheit und zu immer wieder Neuem muss selbst immer vollkommener werden, auf immer neue Weisen zustande kommen. Was ist denn das Wesen dieser Entwicklung, dieses Geschehens? Es ist das voll gesättigte ‚Was', ‚Wie' und ‚Dass', es ist die verwirklichte Liebe.

Im Pastoral-Medizinischen Kurs gibt Rudolf Steiner den folgenden Spruch:[69]

‚Ich werde gehen den Weg,
Der die Elemente in Geschehen löst
Und mich führt nach unten zum Vater
Der die Krankheit schickt zum Ausgleich des Karma
Und mich führt nach oben zum Geiste
Der die Seele in Irrtum zum Erwerb der Freiheit leitet
Christus führt nach unten und nach oben
Harmonisch Geistesmensch in Erdenmenschen zeugend.

In Rhythmus, Takt, Klang und Wirkung kann man ‚etwas' erleben, eine bestimmte Haltung, die die Seele einnimmt, wenn sie diese Worte spricht. Es ist das Erleben eines festen Willens, dem man die Treue halten wird, und einer tiefen gelassenen Ruhe, die die Unregelmäßigkeiten in der Entwicklung hinnimmt. In dieser Seelenhaltung kann man, wenn man sich aufrafft zu einem kräftigen reinen Denken, ‚die Elemente in Geschehen lösen'.

Die mineralische Welt kennt keine Entwicklung aus

sich heraus. Sie ändert sich nur durch äußere Einflüsse. In der Pflanzenwelt liegt die Entwicklung in der wachsenden Gestalt und der Funktion der wechselnden Glieder, diese Entwicklungsfähigkeit fußt auf der Wechselwirkung zwischen Erde und Sonne einerseits, ist aber andererseits der Pflanze auch ‚eingeboren', diese ist immer in Verwandlung, schließt bei der Frucht-Samenbildung ab, entwickelt sich dann ‚unsichtbar' weiter zur folgenden Gestaltung.

Das Tier hat in sich nicht nur den ‚Entwicklungsplan' der Gestalt, sondern auch einen seelischen Instinkt, eine Summe von triebhaften Eigenschaften, die nicht aus der sichtbaren Außenwelt stammen.

Der Mensch erst trägt einen Teil seiner Entwicklungsfähigkeit vollständig in sich selbst, insoweit diese vom Ich kommt.

Hier öffnet sich das Tor der Entwicklung erst im eigentlichen Sinne, eine unendliche Perspektive erscheint. Kam die Entwicklung bis an das Ich aus der göttlich-geistigen Welt (die Gegenmächte eingeschlossen), ab der Errungenschaft des Ich kehrt sich die Entwicklung teilweise um: Der Mensch soll aus eigenem Antrieb heraus mit dem Ich die Seele, den Ätherleib und den physischen Leib in die Herrschaft bekommen. Hier, beim Ich-begabten Menschen, gerät die Entwicklung teilweise in die eigene ‚Hand'.

Der Geistesforscher hat uns die Entwicklung gezeigt, in vielerlei Art, immer wieder gibt er Hinweise auf die Entwicklung.

Es geht jedoch die Entwicklung nicht bei jedem Wesen gleich schnell. Das wissen wir schon, wenn wir die Kinder in ihren Entwicklungen anschauen. Wenn dies nicht so wäre, bräuchte man nie ein Kind ein Jahr länger im Kindergarten behalten. Das geschieht aber, und es ist überhaupt kein Zeichen einer Abwertung. Das Sitzenbleiben in gewöhnlichen Schulen hat diese Abwertung, aber auch da ist es ja oft segensreich, dass bestimmte Fähigkeiten ruhig wachsen können, wodurch im späteren Leben diese Fähigkeiten erst recht reif werden können.

Die Entwicklung verläuft bei verschiedenen Wesen verschieden schnell, innerhalb der eigenen Art oder Gattung, aber auch zwischen den Gattungen, ja zwischen den himmlischen Hierarchien. Sie kann zu schnell, sie kann zu langsam gehen. Das richtige Maß, der richtige Takt liegt in der Mitte. So entsteht unsere vielgegliederte Schöpfung, die wie eine wunderbare Symphonie ist. Auch in der Symphonie sind nicht alle Töne gleich prägnant, sie sind aber alle gleich wichtig.

In der Meditation der Fußwaschung, wo der Mensch allen Gliedern der Schöpfung dankt, weil er ohne sie nicht sein könnte, kann man sich durchdringen mit dem richtigen Gefühl für Entwicklung. Entwicklung gibt Unterschiede, aber es braucht dabei keine Bewertung einzutreten. Denken wir einmal an die Dreigliederung des sozialen Organismus: Der Unterschied zwischen Menschen gilt nur im Geistesleben, da soll man den Meister vom Lehrling unterscheiden können. Im Rechtsleben gilt dagegen die völlige Gleichheit, im Wirtschaftsleben die Brüderlichkeit.

Der Geistesforscher hat uns die Entwicklungsidee im umfassendsten Sinne gebracht, sie ist die Grundidee, die Ur-Idee der Anthroposophie. Wenn wir mit dem Geist dieses Geistesforschers in Beziehung kommen wollen, müssen wir uns ganz mit dieser Idee durchdringen wollen. Sonst zieht der Geist dieses Entwicklungsforschers sich endgültig zurück – und wird sich Individualitäten zuwenden, die wohl fähig und geneigt sind, diese Ur-Idee der

Schöpfung in sich aufzunehmen.

Und wie nimmt man diese Idee vor allem in sich auf? Durch das energische Aufnehmen der eigenen innerlichen Entwicklung.

VIERTER TEIL

Die Gegnerschaft der Anthroposophie in der heutigen Zeit

Weil ich die Tragik dieser Gegnerschaft scharf betonen möchte, werde ich die Gegnerschaft der außer-anthroposophischen Welt als letzte besprechen, sie scheint mir nicht so wichtig zu sein. Viel schlimmer ist die Gegnerschaft bei den Anthroposophen selbst, die sich gleichsam unter der Maske der Anthroposophie *gegen sie* wendet.

Mir sind drei verschiedene Arten, die Anthroposophie zu paralysieren, bekannt. Eine vierte kommt dann aus der ‚äußeren' Welt.

Die erste Art innerer Gegnerschaft richtet sich gegen das Wesen der Umwandlung der Erkenntnis von einer Verstandes-Erkenntnis in eine Geist-Erkenntnis.

Ich kann nicht beurteilen, ob die Männer, die diese Gegnerschaft vertreten, sich ihres eigenen Standpunktes (Gegnerschaft zur Anthroposophie) bewusst sind, oder ob sie sich unbewusst inspirieren lassen. Wenigstens zwei Bücher beinhalten diese Anti-Philosophie der Freiheit: ‚Intuition und Ich-Erfahrung' von Renatus Ziegler und ‚Beobachtung des Denkens' von Michael Muschalle. Beide untersuchen die rätselhafte Stelle in der ‚Philosophie der Freiheit':[70]

> *‚Ich kann mein gegenwärtiges Denken nie beobachten, sondern nur die Erfahrungen, die ich über meinen Denkprozess gemacht habe, kann ich nachher zum Objekt des Denkens machen.'*

Renatus Ziegler findet die Lösung in einer Verwandlung der Bedeutung der Worte ‚Beobachtung des Denkens'. Beobachtung ist bei Rudolf Steiner eine zum Substantiv gewordene Tätigkeit, d.h. er spricht wirklich über das Beobachten des Denkens (das *nie* gegenwärtig-zugleich stattfinden könne). Ziegler macht aus ‚Beobachtung' ein Objekt, ein ‚Etwas': Beobachtungen sind von selbst aufkommende ‚Erinnerungen' an das bereits vergangene Denken. Er postuliert an Hand von Steiners ‚nie', dass ein Denken/Beobachten des aktuellen Denkens nicht möglich sei.

Muschalle deutet einfach scharf auf das Wörtchen ‚nie' und auf den Unterschied zwischen Beobachten des Denkens und dem Durchdenken der Erfahrung, die man nachher über das Denken haben kann.

Mit welchem Irrtum haben wir es hier zu tun?

Es ist merkwürdig, zu sehen, wie diese Philosophen sich in das Wörtchen ‚nie' verirren und es plötzlich absolut ernst nehmen. Nehmen sie die übrige Anthroposophie auch wörtlich und für immer unabänderlich?

Die Philosophie der Freiheit spielt sich völlig im Verstandesdenken ab. Rudolf Steiner hat sich absichtlich darauf beschränkt, das sagt er ja selbst. Im Denken, wie es der Verstand vermag, verläuft alles nacheinander in der Zeit, nicht zugleich. Das ‚Handicap' des Verstandes ist es unter anderem, dass er nicht zwei Dinge zugleich denken kann, er kann also auch nicht das Denken als Denken beobachten, denn dies müsste er gleichzeitig tun, und es müsste ebenfalls ein Denken sein (denn er *kann* nur denken). Er kann das nicht zugleich, er kann das *nie*. Er kann im Studieren, im Lernen, einen Gedanken komplizierter machen, und diesen dann ‚auf einen Schlag' aus der Erinnerung denken. Zwei Dinge zugleich denken geht nicht, geht nie. Der Verstand muss also *nach* dem Denken zurückschauen und aus der Erinnerung versuchen, die Erfahrungen ins Bewusstsein zu bringen, damit sie zum Objekt des Denkens gemacht werden können, wenn man diesen Ausnahmezustand des Denkens über das Denken einnehmen will.

In der ‚Philosophie der Freiheit' wird die Unmöglichkeit noch bekräftigt durch das Bild aus der Genesis, wo der schaffende Gott auch erst nach dem Schaffen sehen kann, was entstanden ist und dass es ‚gut' sei. Wenn Gott selbst es sogar nicht kann, ist das ‚nie' wohl am Platze...

Dennoch gibt es hier kein ‚nie'. Es ist dieselbe starke Negation, die wir auch beim Bild der verschleierten Isis finden: ‚Kein Sterblicher hat je mein Antlitz gesehen'. Novalis wusste, was zu tun ist: ‚Dann müssen wir Unsterbliche werden!' Und genau dies müssen wir ebenfalls tun, um das Wörtchen ‚nie' zu überwinden.

Wusste Rudolf Steiner damals schon, dass es einmal möglich werden würde, das Denken aktuell zu beobachten? Oder hat auch er bis zum Lebensalter der Bewusstseinsseele warten müssen, bevor er dazu imstande war? Sicher ist, dass er die Isis entschleiert hat, denn in seinen späteren Werken spricht er klar von der Möglichkeit des Beobachtens des aktuellen Denkens (siehe das Zitat auf S. 171).

Und die *Wirkung* der ‚Philosophie der Freiheit' ist gerade, dass man nachher die Fähigkeit hat, das aktuelle Denken zu denken. Derjenige, der in der richtigen Weise *tätig* die Philosophie der Freiheit verwirklicht, kann nachher das aktuelle Denken schauen. Das ist gerade der Kern der Anthroposophie: die Entwicklung des schauenden Bewusstseins. Die Philosophie der Freiheit, als Tätigkeit, übersteigt sich selbst, weil sie zum Denken mit dem Ätherleib hinaufhebt, und dort ist Isis entschleiert, dort schaut sich das reine Denken selbst unmittelbar an.

Durch das Verewigen der Unmöglichkeit, das gegenwärtige Denken zu beobachten, wird die lebendige Anthroposophie unmöglich gemacht. Wer diesen Männern des Verstandes vertraut, wird selbst in der Entwicklung erstarren.

Die zweite Gegnerschaft richtet sich gegen die Entwicklung an sich.

In unserer Zeit gibt es eine Strömung innerhalb der Anthroposophie, die die umfassende Bedeutung der ersten Stufe, des ersten Geschehens (in der ‚Philosophie der Freiheit' gipfelnd) voll anerkennt, die weiteren Stufen (die Entwicklung der Anthroposophie nach der Jahrhundertwende) jedoch leugnet. Sie sieht die christliche Färbung bei Rudolf Steiner nur als aus der Tradition übernommenes Bildmaterial, das er in seiner Zeit verwendet habe, um die Leute nicht allzu sehr zu schockieren. Er habe seine Erleuchtung also in ein traditionelles Gewand gekleidet.

Damit wäre Rudolf Steiner absolut unwahrhaftig gewesen. Denn während er gewusst haben soll, dass es einen Christus in diesem Sinn nie gegeben habe, sollte er die ‚Bilder' benutzt haben, um seine Erleuchtung darzustellen – während er zugleich sicher den Eindruck gab, dass alles wahre Tatsache war. Steiner wäre also unwahrhaftig, ja eigentlich vollauf ein Lügner gewesen, denn er hätte Bilder gegeben und als Tatsachen dargestellt, von denen er wüsste, sie wären keine existierenden Realitäten.

Diese Anthroposophen* halten insofern Rudolf Steiner die Treue, als sie seine Erleuchtung im ‚Ich bin' für wahr halten. Was später gekommen ist, die ganze differenzierte Geisteswissenschaft, kann nach ihnen jedoch als überflüssige Bürde abgeschüttelt werden. Auch die harte Arbeit von Meditationen, zum reinen Denken hin und darüber hinaus, ist unnötige Mühe, denn die Erleuchtung ist ein Erleben von ‚Ich bin', ‚Ich bin ich', was einen realisieren lässt, man sei eine Ausstülpung des allumfassenden Menschen. Was man als Wertvolles geleistet hat, geht nach dem Tode als Frucht in diesen MENSCHEN ein, die eine Individualität vergeht, andere entstehen durch neue Ausstülpungen... Das Bewusst-werden dieses Ich-bin, das sogar beim Sitzen am Internet plötzlich über einen kommen kann, bringt die Erleuchtung und den großen Frieden, denn alle Menschen sind endlich gleich, verschieden zwar durch die verschiedenen Arten von Ausstülpungen, aber der eine nicht ‚weiter' oder ‚weniger fortgeschritten' als der andere. Deshalb bedarf es dann immer der Zusammenarbeit und des Diskurses, denn zwei wissen mehr vom MENSCHEN als einer, obwohl man in der Erleuchtung letztlich alles in einem erleben kann.

So kann Christus abgeschafft werden, denn auch er war dann eine Ausstülpung des MENSCHEN gewesen, eine besonders umfangreiche Ausstülpung in Jesus, wie dies für alle Menschen möglich ist – Gronbach[71]: Jesus ‚*hat sein Ego zu 100 Prozent durch das ewige und authentische Selbst ausgetauscht. ‚Nicht ich, sondern Christus in mir', so Paulus dazu. [...] In seinem Doppelnamen repräsentiert Jesus Christus eine doppelte Botschaft: die sich selbst verwirklichende*

* Das Info3-Team, u.a. Sebastian Gronbach, Felix Hau, Jens Heisterkamp.

IDEE. ‚Christus' ist dabei eine bestimmte Bezeichnung für die IDEE. ‚Jesus' ist der Name, der für einen Menschen steht, in dem und durch den die IDEE auf der Erde präsent wird.' Und so hat man sich endlich auch von Rudolf Steiner befreit, denn was er in seiner Erleuchtung wusste, kann nur weniger sein, als was wir, jetzige Erleuchtete, wissen können. Es sind ja inzwischen wunderbare Früchte dem MENSCHEN hinzugefügt worden...

Die Erleuchtung tut für die Moralität das Notwendige: das Ego bläst sich auf, bis es im ‚Ich bin ich' zersprengt. ‚Ich bin ich' weiß, dass es Teil des MENSCHEN ist, und handelt dementsprechend.

Nun ist es eine eigentümliche Sprache, mit der da gesprochen wird. Es ist eine semi-ernste Sprache, aber auch semi-wissenschaftlich, gesättigt von Spott, Hochmut und Selbstgefälligkeit, die hinter der Maske der ernsten Erleuchtung verborgen liegen.

Es kann diese ‚neue Anthroposophie' – die völlig kongruent mit sonstigen New-Age-Erleuchtungen ist – nicht widerlegt werden. Denn das könnte man nur mit der Erkenntnis, die man von Rudolf Steiner hat – und genau diese ist paralysiert worden. Von ihm gilt nur die ‚allgemeine' Erleuchtung als wahr, das Übrige ist nur verwendetes Bildmaterial, also nicht ernst zu nehmen. Die Aussagen, die Rudolf Steiner gemacht hat, die diesem All-Wert des MENSCHEN widersprechen, sind nun alles Anweisungen mit Bezug auf Entwicklung, aber vor allem mit Bezug auf Unterschiede zwischen Menschen. Deshalb ist erklärlich, dass aus dieser Gruppe von Anthroposophen der Vorschlag zu einem Memorandum gekommen ist, das von so vielen Anthroposophen wie möglich unterzeichnet werden soll, die dadurch erklären, dass Rudolf Steiner diskriminierende Aussagen getan habe.

Man kann also nicht mehr Rudolf Steiner zitieren, um Missstände in der Gestaltung der Anthroposophie zu berichtigen. Nur derjenige, der gelernt hat, sich selbst herzlich auszulachen, wird überhaupt noch den Mut dazu haben – denn ihm kann es nicht mehr passieren, dass er sich durch Ausgelachtwerden verletzt fühlt.

Womit haben wir es in der New-Age Erleuchtung – die auch z.B. in die katholische Kirche hineingeholt wurde – eigentlich zu tun?

Das wirkliche ‚Ich bin', das Rudolf Steiner als junger Mann gefunden hat, liegt über dem reinen Denken, ‚über Sternen'. Es gehört tatsächlich zum MENSCHEN, aber zum Menschen, der durch das heilige Weltenwort geschaffen worden ist; das Weltenwort, das sich in Mannigfaltigkeit in die Schöpfung vervielfältigt hat. Dieses ‚Ich bin' führt letztlich zum Mysterium von Golgatha und zum Auferstehungsleib. Dieses ‚Ich bin' ist nur durch intensives über-physisches, über-sinnliches Denken zu erreichen. Und es hat ein Gegenbild.

Immer gibt es für dasjenige, was nur durch schwere Entsagung zu erreichen ist, ein Gegenbild, das sich ohne Mühe hingibt. Es gibt einen ‚Anti-Vatergott', dieser wurde von Rudolf Steiner immer Ahriman genannt. Er will uns glauben lassen, dass die Evolutionstheorie wahr ist, auch wenn sie eine geistige Seite hat. Dann ist der Mensch das vollkommenste Tier in der Tierreihe, es erscheint als Ausstülpung aus dem allgemeinen Gattungswesen MENSCH vereinzelt auf Erden, individualisiert sich dort, ist jedoch keine echte ewige Individualität. Der MENSCH ist dann gerade dieser Anti-Vatergott, der alles, was an Intelligenz im unterbewussten oder halbbewussten, gleichsam ‚kopflosen' Denken empfangen wird, wieder aufschlürft, an sich zieht. Alles übrige Menschliche wertet er nicht, es kann abfallen. Mit dieser wachsenden Intelligenz – vom Menschen geraubt, an Menschen zurückgegeben – inspiriert er im elektromagnetischen (untersinnlichen) Feld, wo das weltweite Netz gesponnen ist, solange, bis er sich tatsächlich inkarnieren kann, indem er der ‚Anti-Sohnesgott' wird, der Antichrist. Jene ‚neue Anthroposophie' bereitet seine Ankunft auf Erden mit vor, da sie die Waffen, die sie durch die Geisteswissenschaft hatte, unwirksam macht. Eine ahrimanische Verfinsterung wird wie eine Erleuchtung erlebt, als ein ‚Anti-Ich-bin-ich', ein absoluter Egoismus mit dem Schein der Selbstlosigkeit.

Wer den lebendigen Rudolf Steiner kennenlernt, weiß, dass er sich nicht in das Weltenall aufgelöst hat, sondern dass er in seiner vollen Menschlichkeit noch immer da ist, vielleicht sogar wieder im physischen Leibe herumgeht und sich künftig zeigen wird.

Die ‚Ich-bin'-Erfahrung des jungen Rudolf Steiner wächst also erst im Verlauf von Jahren zu einer Einweihung in Christus aus. Es ist die Erweiterung des erlebten Denkens zu einem geistigen Erleben des ganzen geistig-seelischen Menschen (Denken, Fühlen und Wollen im vollen Umfang des Ich), die zu einem Erleben des wahrhaftig existierenden Christus führt. Es ist das Höchste, Schönste, Beste, das einen Menschen überkommen kann – während die ‚neue Anthroposophie' diejenigen Menschen mitleidig verspottet, die fragen: Wie finde ich den Christus?

Diese Frage ist eigentlich die einzige, die der Mensch fortwährend stellen müsste, die einzige Bitte im Gebet. Nur wer schnell und ohne Mühe eine Erleuchtung haben will, hört mit dieser Frage auf, setzt sich an den Computer, surft durch das Netz ... und wird erleuchtet. Diese Männer (Sebastian Gronbach, Jens Heisterkamp, Felix Hau) erkennen die Spiritualität der Philosophie der Freiheit. Sie legen Wert auf die Ich-Erfahrung, die Rudolf Steiner als junger Mann hatte. Diese sei die Erleuchtung, die in allen spirituellen Richtungen, Schulen, Mysterien angestrebt wurde und immer noch angestrebt wird: die All-Eins-Erfahrung, die die Vereinigung aller Menschen in einem MENSCHEN erleben lässt. Diese Erleuchtung läge über den Erkenntnisstufen der Imagination, Inspiration, vielleicht sogar Intuition. Alle Differenzierung in einer Vielheit gehöre einer niederen Stufe an, und die auf diese Erleuchtung folgende gesamte Geisteswissenschaft von Rudolf Steiner wäre nur ein Versuch, Worte für diese Erleuchtung zu finden, Gleichnisse. So wäre auch der Christus höchstens ein Mensch gewesen, in der diese Erleuchtung voll da war, und Rudolf Steiner hätte ihn als Bild verwendet, weil die Zuhörer sich nach Vertrautem gesehnt hätten.

Rudolf Steiner hat aber das Christentum als *Tatsache* dargestellt, gerade nicht als Bild. Somit wäre er also eigentlich ein Lügner, ein Bilder-Gaukler, der das Einfache vervielfältigt hätte. Ich wiederhole, nach den ‚Einsichten' dieser Männer wäre Rudolf Steiner ein Lügner, denn er stellte zur Beruhigung, um seine Erfahrung überhaupt vermitteln zu können, etwas als Tatsache dar, was nur Symbol wäre.

In dieser Erleuchtungs-Idee gibt es nur Toleranz gegenüber ‚moderner Spiritualität' aller Art, Offenheit usw. Alles klingt wunderschön miteinander zusammen. Endlich ist der Anthroposoph von seiner Unpopularität befreit, kann er liebend mit allen anderen zusammen erleuchtet sein.

Entwicklung gibt Abgeschiedenheit, also wirft man diese

weit von sich.

Wir haben jedoch gesehen, dass damit der Geistesforscher selbst abgeschafft wird. Es bleibt noch etwas ‚Anthroposophisches' übrig, aber Rudolf Steiner ist allen anderen gleich, ja sogar geringer, denn wir in unserer heutigen Zeit haben dem MENSCHEN ja bereits wiederum so viel hinzugefügt! Wäre das denn keine Entwicklung? Nein, das wäre nur Anhäufung, nicht einmal Wachstum. Diese ‚Erleuchtung' führt *nicht* zur entschleierten Isis, sondern zur unternatürlichen Finsternis.

Die dritte Gegnerschaft richtet sich gegen das Christliche in der Anthroposophie gerade dadurch, dass sie das Christliche nur als Wahrnehmungen verkündet (Judith von Halle).

Anthroposophie ist Geisteswissenschaft. Sie ist Wissenschaft, und ihr Erkenntnisorgan wie auch ihr Erkenntnisobjekt ist der Geist. Sie hat Erkenntnisse von Christus gebracht, die ein geistiges Christentum erleben lassen. Nicht nur ein kosmisches, sondern ein kosmisch-irdisches. Der Christusgeist hat sich in Jesus von Nazareth offenbart, hat sich durch den Tod mit der Erde verbunden, und er ist jetzt das Geistige der Erde und der unmittelbaren irdischen Sphäre. Man möchte immer wieder und wieder diese wunderbaren Zeilen aus dem Mysteriendrama zitieren: *‚Es lebte Christus einst auf Erden, und dieses Lebens Folge war, dass er in Seelenform umschwebt der Menschen Werden'.* Die menschliche Entwicklung also. Ein wissenschaftlich exaktes Begreifen der Christus-Tatsache können wir durch die Anthroposophie erlangen. Wir erreichen das Miterleben dieser Tatsache mit unserem sinnvollen Begreifen, nicht durch Aussagen von begriffslosen Wahrnehmungen.

Wenn der Anthroposoph an Wahrnehmungen glauben soll, die er nicht begrifflich nachvollziehen kann, fällt er in den Dogmatismus zurück. Ich habe über die Vertreterin dieser Gegnerschaft (Gegnerschaft ist es, weil das Wesentliche der Anthroposophie, d.i. dass sie *Geisteswissenschaft* ist, auf raffinierte Weise ersetzt wird durch eine nicht nachvollziehbare Scheinwissenschaft) schon genug in meinem Buch ‚Stigmata und Geist-Erkenntnis' gesagt. Durch die Arbeit von Judith von Halle wird der Glaubwürdigkeit der christlichen Geisteswissenschaft geschadet und werden Menschen, die den Christus suchen, in die Irre geleitet.

Dann gibt es die vierte Gegnerschaft, die aus der nicht-anthroposophischen Welt kommt und viele Gesichter trägt.

In unserer heutigen Welt, die durch bestimmte Machtprinzipien gestaltet wird, ist eine wirksame Freiheitsphilosophie eine Bedrohung dieser Macht. Freie Individualitäten würden sich nicht beängstigen lassen, sie würden mutig und gerade dastehen und sein, was sie sein wollen; tun, was sie für richtig und notwendig halten. Sie würden den Mut haben, sich der öffentlichen Meinung entgegenzustellen, weil sie für die Wahrheit eintreten würden, was auch immer dadurch geschehen würde. Verlust der Stelle, Verlust der öffentlichen Würde, Ertragen von belastenden Urteilen, Ertragen von Spott usw., diesem allen würde die freie, von Christus durchdrungene Individualität nicht ausweichen wollen.

Es kommen starke Kräfte aus der Welt, die sich gegen die eventuelle Auferstehung der toten Anthroposophie wenden. Die wirksamste Weise, dies zu tun, sind Angriffe auf Rudolf Steiner selbst, denn er kann sich nicht wehren. Und man kann ihn angreifen bei etwas, was in der öffentlichen Meinung am Allerschändlichsten ist: Diskriminierung oder sogar Rassismus. Vor allem seit dem Zweiten Weltkrieg, in dem uns ja ein Beispiel gegeben wurde, wie weit so etwas führen kann, ist jegliche Diskriminierung das Furchtbarste, was einem Menschen zur Last gelegt werden kann, denn es geht ja daraus klar hervor, dass dieser Mensch keine menschliche Liebe kennt, auch keine Rechtschaffenheit, dass er ein kleinlicher Mensch sein muss usw.

Nun ist es natürlich so, dass für den materialistischen Verstandes-Menschen alle Worte wie Steine nebeneinanderstehen, sie sind alle gleichviel wert, gesagt ist gesagt; geschrieben ist geschrieben; und gedruckt bedeutet für immer festgelegt.

Die umfassende Gesamtausgabe von Rudolf Steiners Werken enthält das moderne Mysterien-Wissen. Es wurde immer wieder und wieder betont, dass nur derjenige, der sich tiefgehende Kenntnisse der Anthroposophie erworben hat, dieser ein Urteil entgegenbringen kann. In den Worten des Geistesforschers selbst:

‚Es wird eben nur hingenommen werden müssen, dass in den von mir nicht nachgesehenen Vorlagen sich Fehlerhaftes findet. Ein Urteil über den Inhalt eines solchen Privatdruckes wird ja allerdings nur demjenigen zugestanden werden können, der kennt, was als Urteils-Voraussetzung angenommen wird. Und das ist für die allermeisten dieser Drucke mindestens die anthroposophische Erkenntnis des Menschen, des Kosmos, insofern sein Wesen in der Anthroposophie dargestellt wird, und dessen, was als ‚anthroposophische Geschichte' in den Mitteilungen aus der Geist-Welt sich findet.' (aus: Mein Lebensgang)

Auch ist es klar, dass dieses Mysterien-Wissen nicht auf die Straße geworfen werden soll. Es soll auch zum Beispiel nicht Kindern gelehrt werden, denn diese sind noch lange nicht reif dazu. Furchtbar fand ich es, erfahren zu müssen, dass unsere Tochter beim Religionsunterricht in der Christengemeinschaft gelernt hatte, welche Inkarnationen Johannes der Täufer alle durchlebt hat. Das *darf* absolut nicht geschehen. Aber es geschieht. Auch in anderer Weise kommt die Mysterien-Wissenschaft zu Menschen, die sie gar nicht empfangen wollen. Es ist doch noch etwas anderes, wenn ein Skeptiker sich die Mühe macht, eine Vortragsreihe, ein Buch zu lesen, oder wenn vereinzelte Aussagen einfach wiedergegeben werden, aus dem Zusammenhang herausgelöst.

Wenn es dann einmal geschehen ist, wenn unverständliche Stellen aus dem Vortragswerk und den Büchern einmal in die Öffentlichkeit gekommen sind, dann bemächtigen sich die der Anthroposophie gegnerischen Kräfte ihrer sehr gerne und beginnen lustvoll den Kampf gegen Steiner und die Anthroposophie.

Kann man den Papst je davon überzeugen, dass die Anthroposophie rein christlich ist? Ach, er wird es wohl wissen, aber muss sich ihr doch widersetzen. Ein Erkennen der Wahrheit heißt ja nicht immer, dass sie auch öffentlich anerkannt wird, oder sogar angenommen.

Kann man einen Gegner der Anthroposophie je davon überzeugen, dass Rudolf Steiner kein Rassist war, dass er nicht diskriminierte? Nie wird das gelingen, denn der Gegner *will* nicht überzeugt werden. Und was dann? Nun, dann versuchen wir, ihm entgegenzukommen, geben einfach das eine oder andere zu, dann ist er still und wird uns in Ruhe lassen. Wir hissen die weiße Fahne und übergeben uns dem herrschenden Urteil. Was sonst? Sollen wir uns denn als Rassisten beurteilen lassen, weil wir Nachfolger von Rudolf Steiner sind?

In einem Kampf hat das Zugeben noch nie etwas geholfen. In den Niederlanden wurde öffentlich zugegeben, dass es so-und-so-viele Stellen im Werk Rudolf Steiners gebe, die verletzend, diskriminierend oder in unserer Zeit sogar strafwürdig seien. Schweigen die Gegner seitdem darüber? Ja, aber nur weil ihr Ziel erreicht ist. Für das ganze niederländische Volk gilt Rudolf Steiner seitdem als Rassist – auch wenn in der Veröffentlichung gestanden hat, dass man keinen Rassismus hat finden können! Rudolf Steiner ist kompromittiert, und das war das Ziel.

Jetzt spielt sich etwas Ähnliches in Deutschland ab. Einige Anthroposophen selbst sind es, die Männer und Frauen von ‚Info3', die vor der Öffentlichkeit nun einen *Kniefall* machen wollen, indem sie in einem Memorandum mit möglichst vielen (und immer mehr) Unterschriften demütig zugeben: Ja, es gibt solche zweifelhaften Stellen, und ja, wir lehnen diese ab. Damit wäre auch in Deutschland Rudolf Steiner öffentlich kompromittiert. Die Gegner haben, was sie wollen – und die Leute von ‚Info3' scheinbar auch.

Was aber dann? Wie sollte man damit umgehen?

Es hatte damals in der Anthroposophischen Gesellschaft eine Verleumdung Rudolf Steiners gegeben, während er noch lebte. Es war die Anklage durch Dr. Goesch im Jahre 1915.

Rudolf Steiner hat sich das alles angehört, auch wie die Mitglieder darauf eingingen. Danach stand er auf, sagte: ‚Mit einer solchen Gesellschaft will ich nichts zu tun haben!' und verließ mit seiner Frau den Saal. Unter Anleitung von Michael Bauer wurde ihm dann eine schriftliche Verzeihungsbitte überbracht, durch viele Mitglieder unterschrieben – und anlässlich dieser Bitte hat er wieder verziehen und als Geisteslehrer weiter gewirkt.

Der Geistesforscher sagt dies (‚Mit einer solchen Gesellschaft will ich nichts zu tun haben!') auch in seinem nachtodlichen Leben, das sollten wir einmal tief ernst nehmen. Wenn das Vertrauen in den Meister zerfließt, sich auflöst, wird er sich nicht mehr um die Schüler kümmern. Er braucht uns nicht, es gibt andere Menschen, die ihn schätzen und ihm folgen wollen. Er braucht nicht uns, wir brauchen ihn.

Der Weg zur Wahrhaftigkeit

Wahrhaftigkeit ist die wichtigste Bedingung für einen Weg in die geistige Welt und ist bereits die Realisierung eines Teils dieses Weges. Die Wahrhaftigkeit ist als Seelenkonfiguration selbst der Anfang eines schauenden Bewusstseins. Ohne Wahrhaftigkeit gibt es keine Möglichkeit, sich zur geistigen Welt zu erheben, und wer bewusst über die Schwelle zur geistigen Welt geschritten ist, konnte das dank seiner Wahrhaftigkeit.

Unter Wahrhaftigkeit verstehe ich ein Verhalten, das das Wesen oder das Wesentliche so vollkommen wie möglich in Erscheinung bringt. Den *Zustand*, der so entsteht, könnte man qualitativ ‚schön' nennen. Der *Prozess*, das Verhalten, muss qualitativ ‚wahrhaftig' heißen. Unwahrhaftigkeit ist dann ein Verhalten, wo im Wesen etwas anderes lebt, als geäußert wird. Der Mensch kann vollbewusst unwahrhaftig sein, kann es aber auch ohne volles Bewusstsein sein. Die Unwahrhaftigkeit kann sogar zur zweiten Natur werden, zur Gewohnheit.

Dennoch ist nicht jede Form von Wahrhaftigkeit die richtige. Es gibt drei Formen, und nur eine davon ist die Wahrhaftigkeit ‚mitten hindurch', d.h. ein Verhalten, wo der Mensch in allem das richtige Gleichgewicht hält.

Im Triebleben und Begierden-Leben kann man wahrhaftig sein. Das ist die Wahrhaftigkeit, die Kennzeichen unserer Zeit ist. Man hat seine Wünsche, seine Triebe, seine triebhaften Emotionen, und äußert sie ohne Zurückhaltung. Es gibt keinen Zwischenraum zwischen dem Trieb und der Äußerung, die letztere folgt gleichsam wie ein

Reflex auf den Trieb oder die Emotion. Dieses Verhalten wird wohl ‚Freiheit' genannt, weil man das Gefühl hat, sich keinen Regeln, Normen, Gesetzen zu unterstellen zu haben. Man ist so wahrhaftig, wie auch die Tiere es sind. Ich war bei einer kleinen Diskussion zwischen jungen Leuten dabei, und da sagte ein Junge: ‚Der Mensch ist einfach ein höheres Tier. Ich halte mich an Darwin, die Evolutionstheorie ist ja wissenschaftlich bewiesen.' Eine Freundin dieses Jungen aber antwortete: ‚Da hast du Recht, denn du *willst* einfach wie ein Tier leben!'

Im Gefühlsleben gibt es eine zweite Art der Wahrhaftigkeit. Wenn man sich völlig mit seinen Gefühlen identifiziert, ist man wahrhaftig. ‚Subjektiv-emotional' nennt man das zum Beispiel; wenn man es positiv bewertet, heißt es ‚authentisch'. ‚Wahrhaftig' bezeichnet die Qualität des Verhaltens vom Selbst aus gesehen. Authentisch deutet mehr auf das Urteil durch andere. Wenn man findet, ein Mensch benimmt sich so, wie er auch wirklich empfindet, nennt man das authentisch.

In diesem Bereich der Wahrhaftigkeit kommt man in das Lebensgebiet, wo gesagt wird: ‚über Geschmack lässt sich nicht streiten.' Es handelt sich nicht nur um Geschmack, sondern auch um Meinungen, die auf Gefühl gegründet sind, und um gewisse Arten der modernen Kunst, wo der Künstler seine subjektiven Empfindungen unmittelbar in das Kunstwerk verkörpert. Man versucht nicht, einen Abstand zu seinen Gefühlen zu bekommen, damit man eventuell objektiver sich und das Andere beurteilen könnte, sondern man setzt sich selbst unvermittelt in die Welt. Das ist nicht immer falsch, kann es aber sehr wohl sein. Alle Ungerechtigkeit rührt davon her.

Die dritte Art der Wahrhaftigkeit findet sich im Denken, *wenn* sie überhaupt existiert. Im Denken ist die Wahrhaftigkeit meist gar nicht da. Um dies sichtbar zu machen, werde ich im Folgenden das Denken näher betrachten.

Das alltägliche Denken umfasst vor allem die subjektiven Meinungen und Urteile, die persönlichen Erinnerungen und daneben allerlei praktische Gedanken. Da ist das Denken eigentlich nicht ein Denken an sich, sondern ein gedachtes Fühlen und Wollen. Erst im wissenschaftlichen Denken entsteht die Frage nach der Wahrhaftigkeit im Denken. Ich meine hier nicht die Frage nach der *Wahrheit*, das ist ja eine andere Frage. Man kann sehr gut Wahrheit denken und trotzdem nicht wahrhaftig sein.

Die Wahrhaftigkeit im Denken tritt erst ein, wenn es zwischen dem Denker und dem Gedachten keine Distanz mehr gibt. Gibt es diese Distanz, dann hat man es entweder mit Abstraktion zu tun, oder mit Unwahrheit (bewusste oder unbewusste Lüge oder Irrtum). Im Denken ist man nur wahrhaftig, wenn man den Gedanken völlig durchschauen kann, und das ist nur dann der Fall, wenn man selbst – mit seiner vollständigen Menschlichkeit, mit seinem vollen Denker-Sein – im Gedanken leben kann, anwesend sein kann.

Nehmen wir zum Beispiel das Gesetz des Kreises. Man kann es auswendig lernen und dann vollkommen exakt und richtig aufsagen. Der eigentlich tätige Mensch lebt dann im Gedächtnis und in der Sprache, nicht im Denken selbst. Erst wenn die Richtigkeit und Gültigkeit des Gesetzes eingesehen wird und aus dieser Richtigkeit dieses Gesetz gedacht wird, ist man selbst als Denker dabei. Auch in komplizierteren Gedanken gilt das. Mit einem guten Gedächtnis kann man auch den Beweis des Satzes des Pythagoras aufsagen, ohne Begriff. Das ist Abstraktion. Erst wenn man den Beweis vollständig durchschaut hat, kann man ihn wahrhaftig denken.

Deshalb ist die Sünde gegen den Heiligen Geist die allerernsteste. Diese begeht man, wenn man einen Gedanken, den man vollständig durchschaut hat, trotzdem leugnet, oder sogar etwas ganz anderes daraus macht. Wer also im Denken die Wahrhaftigkeit nicht hat, kann auch diese Sünde gegen den Heiligen Geist nicht begehen. Das Erwecken der Wahrhaftigkeit legt einem eine große Verantwortlichkeit auf. Verständlich ist es also, dass der Mensch davor zurückschreckt. In der Anthroposophie ist sie aber *Grundbedingung*, Merkmal ihres ganzen Wesens. Hat man sie nicht und will man sie auch gar nicht entwickeln, dann ist Anthroposophie eine Unmöglichkeit, ein Widerspruch mit dem tieferen *Wollen*, das dann eigentlich ein Nicht-Wollen ist.

Denn was war immer schon Leitmotiv in den Leben des Philosophen, des Heiligen Philosophen, des Geistesforschers? *Wenn das Denkende und das Gedachte ein und dasselbe sind, dann ist das Wort der Begriff und ein Abbild des Geistes, aus dem es hervorgeht.* Dasselbe gilt auch für das Denken eines äußeren Gegenstandes, denn auch da findet man den Geist, die Richtung ist nur umgekehrt. Wenn der Denker sein eigenes Denken denkt, hat er den Begriff seines eigenen Geistes. Denkt er einen äußeren Gegenstand und lässt er *sich* als Denker mit hineinfließen, so denkt er den tatsächlichen realen Geist des Gegenstandes. Das Aufheben der Distanz zwischen Denker und Gedachtem ist die Überwindung aller Abstraktion, zugleich auch die Überwindung des Gegensatzes von Ich und Welt.

Das ist das Ziel der anthroposophischen Meditation, dass der Denker sich nicht irgendwo anders befindet, als nur im Gedanken, der gedacht wird. Dass der Denker sich völlig in den Gedanken ausgießt, dass er der Gedanke selbst *wird*, sich ganz damit identifiziert. Deshalb muss der Gedanke in der Meditation ‚völlig überschaubar' sein, d.h., dass *nichts anderes* als der Denker an sich in den Gedanken hineingeht, nicht das persönliche Selbst mit allen seinen Meinungen, Urteilen, Erinnerungen. Nur der *Denker, insoweit er dem Gedanken ähnlich ist,* darf und muss sich damit vereinen. In dieser Weise wird der reine Wille in den reinen Gedanken hineingeführt. Dadurch bleibt der Gedanke nicht mehr nur Gedanke, sondern wird reale Kraft, Gedankenkraft, die zugleich Willenskraft ist. *Dann ist das Denkende und das Gedachte ein und dasselbe geworden.* Dann hat man aber die Wahrhaftigkeit erweckt.

Wie stimmt nun diese Vereinigung des Denkenden mit dem Gedachten zusammen mit der Notwendigkeit, den ‚Ausnahmezustand' einzunehmen, der doch gerade ein Auseinandergehen des Denkens und des Denkenden zu sein scheint?

Nein, beide Aktivitäten – Meditation und das anschauende Denken des Denkens – führen genau zum selben Resultat: der Vereinigung des Denkers mit seinem Gedanken. Warum?

In der Meditation hebt man einen selbst gewählten Gedanken aus dem Umfang des Gedankenlebens hinaus und vereinigt sich damit. Dadurch stellt der Denker sich ‚über' das alltägliche Denken, er verlässt es gleichsam, um sich seiner höheren Tätigkeit weihen zu können. Der Wille durchstrahlt den Gedanken allmählich und verwandelt sich in einen überpersönlichen Willen. Dieser ist nun nicht blind, wie der gewöhnliche Wille, er wird Auge, weil der Gedanke ihn sehend macht. So sieht die Gedankenkraft sich selbst, ist schauend in sich selbst da. Das anschauende Denken des Denkens ist erweckt worden.

Verfolgt man dagegen mehr den Weg der ‚Philosophie der Freiheit', so kommt man andersherum zum selben Punkt. Die Gedankenkraft wird hier nicht entwickelt durch das willentliche Verharren in einem Gedanken, sondern durch das fortwährende Bemühen, einen Blick auf das Denken werfen zu können. – Man denkt die Gedanken der ‚Philosophie der Freiheit', versucht sie sich zu vergegenwärtigen, versucht sie zu prüfen in seinem eigenen Innern. Durch die ungeheure innere Aktivität, die man dazu aufwenden muss, durch das fortwährende Ringen um den Ausnahmezustand, gelingt dies letztlich: Der Wille, der in das Denken einschlägt, wird Auge. Man kann ebenso sagen, dass das Denken selbst Auge wird, denn beide sind eins und dasselbe – und doch noch immer verschieden. So wird der Ausnahmezustand realisiert als Ausnahme, die nur im Geistigen möglich ist. Der Zuschauer wird erweckt, und dieser hat die geistige Fähigkeit, sich nicht nur dem Physisch-Ätherischen gegenüberstellen zu können, sondern auch *sich* in sich selbst schauen zu können. Mit dieser Fähigkeit tritt er dann aus der Meditation in das alltägliche Leben. Das ist erst möglich, wenn er im Geiste sich schauen gelernt hat. Erst dann kann er schauend den eigenen Willen erfassen. Alles, was man tut, wird vom Geiste durchdrungen. Diese Fähigkeit ist Liebe zur Tat, und die Fähigkeit, mit dem selbstbewussten Denken in den Willen zu schauen, wird dann zu einem Bewusstsein des ewigen Wesenskernes und der vorherigen Inkarnationen führen.

Das ist Anthroposophie.

Wer in dieser realen Anthroposophie leben gelernt hat, hält es in der Anthroposophischen Gesellschaft nicht aus.

Ich muss hier noch eine Gegnerschaft der wahrhaftigen Anthroposophie besprechen, und das ist die innere Opposition innerhalb der Gesellschaft, innerhalb der individuellen Menschen selbst, die ganz ‚reguläre' Anthroposophen sind. Diese Opposition ist verhüllt und ist teils bewusst, teils unbewusst eine Anti-Anthroposophie. Sie manifestiert sich bis in den Vorstand. Dass dies der Fall ist, geht deutlich aus der Tatsache hervor, dass einige Vorstandsmitglieder Erstunterzeichner des Diskussionspapiers ‚Rassismusvorwürfe gegen Rudolf Steiner. Entwurf eines Memorandums', vorgelegt von Ramon Brüll und Jens Heisterkamp, sind. Zwar wurde später von Vorstandsmitgliedern erklärt, dass das Unterzeichnen ‚nur den Vorgang und die gesuchte Diskussion' betroffen habe, nicht den Entwurfstext. Sie hatten aber unterzeichnet.

Es ist die realisierte Unwahrhaftigkeit, wenn Vorstandsmitglieder einer Gesellschaft, die der Anthroposophie dienen soll, das Vertrauen zu deren Gründer öffentlich aufgeben.

Mit Anti-Anthroposophie meine ich die Unwahrhaftigkeit im Denken, denn diese verträgt sich mit einer echten Anthroposophie auf keinste Weise.

Eine Sünde gegen den Heiligen Geist ist diese Anti-Anthroposophie, wenn bewusst etwas anderes aus der Anthroposophie gemacht wird. Das kann nur jeder Mensch für sich beurteilen, ob er so weit sündigt. Die Unwahrhaftigkeit selbst jedoch beginnt schon da, wo Anthroposophie vom Abstrakten her ‚behandelt' wird, statt sich von innen nach außen wahrhaft zu entfalten.

Rudolf Steiner hat damals schon auf die innere Unwahrhaftigkeit hingewiesen, am klarsten vielleicht im ‚Pädagogischen Jugendkurs'[72], aber auch bei vielen anderen Gelegenheiten. Das Denken der anthroposophischen Wahrheiten muss immer mit dem Innersten der Menschenwesenheit verbunden bleiben, darf sich nie davon loslösen. Einen mathematischen Satz darf man wohl ohne Begriff aufsagen, einen geisteswissenschaftlichen Inhalt nie – man sündigt dann wirklich gegen die Wahrhaftigkeit, gegen die Anthroposophie als lebendiges reales Wesen. Die Gedanken dürfen nie Phrase werden, *werden es jedoch,* die aus den Gedanken geschöpften Verhaltensweisen nie zur Konvention, *es besteht aber ein ganzes System ‚anthroposophischer' Konventionen,* und die Taten, welche auch immer, nie zur Routine, *diese findet sich jedoch im ganzen ‚anthroposophischen' Tatenleben (Vorbereitungsgruppen, Jahresfeste, Tagungen, Konferenzen, Zweigabende, usw.).*

Die Geisteswissenschaft darf auch nicht mit einem tieferen Agnostizismus gedacht werden, mit einem eigentlichen Zweifeln an der Wahrheit, an der Möglichkeit geistigen Erkennens. Dies wäre auch eine Unwahrhaftigkeit, weil Anthroposophie nichts anderes als Geisteswissenschaft sein kann und man die menschliche Fähigkeit zum Erkennen im Geiste als erste anerkennen sollte. Um den Zweifel zu verschleiern, werden dann die Verhältnisse in der Gesellschaft sentimental verherrlicht und nimmt man auf Autorität hin etwas einfach hin.

Wenn der Anthroposoph in einer Zeit, in der die ernste Geisteswissenschaft so bedroht wird, wie wir es jetzt erleben, sich nicht zur Wahrhaftigkeit erzieht oder wenigstens einsieht, dass er diese erstreben soll, führt das zur Anti-Anthroposophie, hat es bereits dazu geführt.

So hat man einen Gedankeninhalt der Anthroposophie, der nur Abstraktion ist. Auch wenn der Mensch sich dafür begeistert, genügt das nicht. Die Geisteswissenschaft steht als geistloses, unbegründetes Wissen da.

Man versucht jedoch, die Geisteswissenschaft mit der üblichen Wissenschaft zu begründen, was natürlich nicht möglich ist. Nur eine Begründung durch das Hineinführen des individuellen Willens in die Gedanken führt zu einer Erlösung aus der Abstraktion, wodurch die Gedanken *in sich* den Grund tragen. Das abstrakte geistlose Wissen liefert Dogmatismus. Denn Wissen, das man nicht vollkommen mit seiner eigenen innersten Wesenheit verbunden hat und trotzdem annimmt, ist dogmatisch. Dadurch wird man außer sich gesetzt, denn es gibt keine Möglichkeit, das Wissen in sich zu prüfen, es wird von außen angeschaut, man schaut sich selbst von außen an und muss so beurteilen, ob man den dogmatischen Urteilen und Regeln entspricht. Es wird ein Wesen erweckt, das außerhalb der Menschen als urteilende Instanz wirkt. Es wird eine Art ‚Universalie', die für jeden in gleicher Weise und in gleichem Maße gelten soll. Dieses Wesen geht in der Gesellschaft unter den Menschen herum, beeinflusst sie, verwandelt sie. Es entsteht eine Versammlung von Menschen, die, ohne es zu wissen, diesem Wesen verfallen sind.

Die Frage bleibt natürlich, ob es nicht doch irgendwo einen – oder mehrere – gibt, der wissentlich dies alles herbeiführt.

Man braucht nur die Fotos von Anthroposophen zu sehen, und man sieht dieses Wesen, fast in jedem abgebildet. Das liegt nicht an den Kleidern, die getragen werden. Diese sind zwar denen der Schüler Rudolf Steiners ähnlich, aber in seiner Zeit sah man auf den Fotos noch unangetastete Menschen. Jetzt schleicht ein unsichtbares Wesen herum, das die Mitglieder infiziert. Es ist das Wesen der Unwahrhaftigkeit. Die Mitglieder sind eine Gruppe von Menschen, die ebenso unvollkommen sind, wie die Glieder der übrigen Menschheit. Das einzige Vollkommene, das sie haben, ist die Geisteswissenschaft Rudolf Steiners. Sie werden aber dazu verführt, sich dieser Vollkommenheit ähnlich fühlen zu wollen, nachdem man sich in welcher Weise auch immer damit beschäftigt hat. Das hat diese furchtbare Schein-Heiligkeit herbeigeführt, die alle Lebendigkeit abtötet. Man wagt es doch nicht, auch nur einen Schritt aus sich heraus zu machen – denn dann fühlt man sich als ein Egoist, subjektiv, emotional, persönlich…

Vor dem Entfalten von Eigen-Interessen fürchtet man sich so sehr, dass alle Freiheit nur noch als Phrase lebt. Schöne Worte klingen überall, wirken jedoch schaudererregend, solange man nicht selbst in die Hände dieser ‚Universalie' geraten ist. Die Anthroposophie soll ‚universell' sein, das Persönliche darf nicht sein.

Den Christus findet man aber nie in einem System von Gedanken, auch nicht, wenn diese ursprünglich dem Geist entsprungen sind. Ihn können wir nur finden, wenn zwei gegensätzliche Welten sich ausgleichen, wenn der Wille mit dem Gedanken eins geworden ist.

Diese Angst vor dem Persönlichen beruht auf der Abneigung gegenüber der Trieb- und Gefühls-Wahrhaftigkeit, das kann man sehr gut verstehen. Eine Selbsterziehung im Sinne der Anthroposophie bedeutet eine Verwandlung der Triebnatur mit ihren Instinkten und eine Verwandlung des Subjektiv-Emotionalen. Eine Verwandlung, nicht ein Negieren oder Unterdrücken. Da diese zwei Formen der

‚Ehrlichkeit' gefürchtet werden, wird die echte Wahrhaftigkeit ebenfalls mit Argwohn betrachtet und wird alles, was mit dem Willen verbunden kräftig hervortritt, im Grunde abgewiesen. So ist man dann bei Ahriman angelangt, aus Furcht vor Luzifer.

Ein wahrhaftiger Anthroposoph sollte sich nicht für seinen Egoismus schämen, sondern ihn mutvoll erkennen wollen, um ihn dann da zu überwinden, wo er überwunden werden muss; ihn aber kräftig zu entfalten, wo er am Platz ist: wo der Wille in das Denken einschlagen soll. Die Seele wird rein, weil der egoistische Wille sich in ein selbstloses Gebiet entfalten muss: in das Denken.

Der lebendige Rudolf Steiner

In anthroposophischen Kreisen gilt es als ‚nicht anständig', über Anthroposophie aus seiner Persönlichkeit heraus zu sprechen. Tut man dies, so bekommt man das Prädikat ‚menschlich-allzumenschlich'.

Dieses Prädikat wird fast immer völlig falsch verwendet, denn es gilt nicht für Persönliches oder für Triebhaftes im Allgemeinen. Es wurde von Rudolf Steiner immer für das unbewusste Aufsteigen von Seeleninhalten verwendet, die in einer früheren Einweihung erworben wurden, jetzt jedoch tote Stellen im Seelenleben sind, die, wenn sie unbewusst sich ausleben, sich in Lustvolles verwandeln. Es lässt sich also ohne Hellsehen gar nicht feststellen, womit man es bei einem Mitmenschen wirklich zu tun hat.

Nun gehöre ich den anthroposophischen Kreisen nur insoweit an, als ich die Werke Rudolf Steiners studiere und danach trachte, ein Geistesforscher zu werden. Darüber hinaus hört meist alle Verwandtschaft auf, denn das *Erleben* der Arbeit Rudolf Steiners führt mich zu Erfahrungen, die ich in anthroposophischem Kreise nicht einmal habe aussprechen dürfen, entweder weil ich es selbst nicht über mich bringen konnte, etwas zu sagen – ich habe viel geschwiegen –, oder weil mir unmittelbar eine Art Wut entgegengetragen wurde. Ich halte mich also nicht an die Konventionen der Anthroposophen, habe auch eine völlig andere Auffassung von dem Begriff ‚Persönlichkeit'.

Der Mensch hat zunächst gar nichts anderes zur Verfügung als seine Persönlichkeit, wenn er anfängt, sich mit Anthroposophie zu beschäftigen. Auch die Liebe kann anfangs nur persönlich sein. Schafft man seine Persönlichkeit ab, bevor der Geist real geboren ist, ist man einem blutleeren, atemlosen, mutlosen Gruppengeist ausgeliefert. Man selbst zu sein, ist dann die größte Sünde. Ich kann mir also – trotz all meines Widerwillens gegen seine spirituellen Ansichten – gut vorstellen, wie ein Mann wie Sebastian Gronbach diese Wickel, in die er als Erwachsener noch immer gewickelt war, losgerissen und weggeworfen hat. Dann aber bringt sich der unterdrückte Pol, der Willenspol, machtvoll zur Geltung, und man hat es mit dem Problem der Persönlichkeit, die sich und nur sich hören lassen will, zu tun.

Es gibt also zuerst nichts anderes als die Persönlichkeit, mit der man sowohl die Anthroposophie, als auch Rudolf Steiner selbst erleben kann, wenn dieses Erleben auch *lebendig* sein soll.

Aber auch später, wenn der Geist real geboren ist, schaut er immer interessiert auf die Persönlichkeit zurück, denn da wird ja *erlebt*, empfunden. Unsere Persönlichkeit soll ein Glied des Geistes werden, statt sie ‚überwinden' zu wollen, was nur zu einer Unterdrückung führt. Dieses Unterdrücken führt dann zu einer Gesellschaft lauter unechter Menschen, die sich mit dem gewöhnlichen Selbst gleichsam außerhalb von sich selbst stellen – sie werden dazu gezwungen, weil sie fortwährend nach allerlei ‚anthroposophischen Kriterien' beurteilt werden – und dann gerade in eine furchtbare Selbstbezogenheit hineingeführt werden, die alle Liebe tötet. In der Liebe vergisst man ja seine Persönlichkeit, mit dem Risiko, dass sie sehr, sehr sichtbar wird...

Ich werde also jetzt mein persönliches Erleben von Rudolf Steiner schildern, und auch von dem Geisteslehrer, der noch immer da ist. Wenn viele sich einmal auf dieses persönliche Erleben besinnen würden, so würde im Geiste die Geistesgestalt dieses Lehrers erblühen. Die Gegner aber würden gelähmt werden, denn ein solches Erleben, vervielfacht, würde mächtig wirken.

Rudolf Steiner ist der Geisteslehrer, der fortwährend zum Tun aufruft, und damit eigentlich zur Liebe. Diese Liebe ist aber nicht die süße Schein-Heiligkeit, sondern sie ist ein risikovolles Tun, ein Wagnis in allerlei Hinsicht. Rudolf Steiner hat zwar eine ganze Bibliothek hinterlassen, woraus man folgern könnte, es ginge nur um Wissen. Es geht auch um Wissen, aber um ein Wissen, das *Tun* geworden ist.

Ich wiederhole noch einmal, dass ich den Geisteslehrer nicht als Gott anbete, er ist ein Mensch. Er ist jedoch ein weit fortgeschrittener Mensch, von Christus voll durchdrungen, und deshalb gilt für seine Lehre ebenfalls das Wort Christi: (Joh. 7, 16-18) ‚*Meine Lehre ist nicht mein, sondern des, der mich gesandt hat. Wenn jemand will des Willen tun, der wird innewerden, ob diese Lehre von Gott sei, oder ob ich von mir selbst rede.*'

Es hat gar keinen Sinn, eine durchchristete Lehre *nur* verstehen zu wollen, man muss sich bereitmachen, Seinen Willen zu vollbringen, erst dann wird man wissen, ob die Lehre aus Gott oder aus dem gewöhnlichen Mensch stammt.

Für mich war das seit dem ersten Satz Rudolf Steiners, den ich las, klar: Dies ist nicht nur eine Erkenntnisaufgabe, man muss sich selbst verwandeln wollen, und im Werk Rudolf Steiners liegt der Leitfaden dazu. Es muss ein Streben nach Heiligkeit da sein, aber mit dem vollen Bewusstsein, dass diese nicht unmittelbar erlangt werden kann, sondern erst entlang eines langen Weges. Und die erste Aufgabe ist dann: sich nur um seine eigene Heiligkeit zu kümmern!

Der Geistesforscher ist also ein Mensch der Tat, der Liebe. Das wird aus den Überlieferungen auch ganz deutlich. Der junge Rudolf Steiner war von seinen Einsichten befeuert, brachte sie auf Papier und in Gesprächen stark und kräftig vor. In Vorträgen soll er sogar manchmal ‚heftig' aufgetreten sein. Über Wagners Musik hatte er das kritische Urteil, dass Musik keinen Bild- oder Wortinhalt haben soll. Er selbst sagt, es sei ihm später ‚sauer geworden' zuzugeben, er habe sich da gewissermaßen geirrt, weil er erst später das völlige Verständnis für die Wagnersche Musik erlangte. Rudolf Steiner war also kein ‚Frömmler', sondern ein energischer, enthusiastischer Mensch, der sich mit seiner vollen Persönlichkeit in das Leben einleben wollte – was gerade seine Liebesfähigkeit war.

Aber er war auch kein Fanatiker. Denn er besaß ein allumfassendes Denken, eine vollständige Unbefangenheit, mit der er alle Denkrichtungen und Standpunkte miterleben konnte. Ein hochbegabter Mensch, sowohl in der Erkenntnis- wie auch in der Liebefähigkeit.

Diese beiden sind im Leben Rudolf Steiners immer weiter gewachsen, sind einerseits zur Ruhe gekommen, haben sich andererseits immer lebendiger gestaltet. Er ist der Mensch, der in unserem Zeitalter das Höchste, das Liebste, das Beste geleistet hat.

Und es liegt eine Art Hypomochlion in dieser Entwicklung, die er uns vorgelebt hat. Ein Ruhe-Punkt, um den sich alles dreht, ein Punkt, der ganz in Ruhe bleibt, auch wenn alle Verhältnisse sich vollständig ändern. Hier liegt dasjenige, was schon in dem Philosophen da war, was in dem Heiligen Philosophen sich durchchristete.

In diesem Punkt erkennt der Mensch, dass er ein Sinnbegabtes Wesen ist, und zugleich geht ihm auf, dass alles in der Welt von Sinn (Bedeutung) durchzogen ist. Dies ist der Punkt, wo die menschliche freie Intelligenz die göttliche wiedererkennt. Da wird Selbsterkenntnis zur Welterkenntnis, Welterkenntnis zur Selbsterkenntnis. In diesem Hypomochlion habe ich die Größe des Geistesforschers erlebt: Der Mensch ist hierzu begabt, aber Rudolf Steiner macht es dem Menschen vollständig bewusst. Wenn man bereit ist, dieses selbst zu verwirklichen, ist es unmittelbar klar, dass ‚die Lehre von Rudolf Steiner aus Christus ist, und nicht aus ihm selbst'.

Die Erkenntnistheorie liegt vor diesem Punkt, die Geisteswissenschaft danach. Den lebendigen Rudolf Steiner finden wir in diesem einzigartigen ‚Dreh- und Angelpunkt', wo die ganze Erkenntnisfähigkeit erkannt wird, wo die menschliche Fähigkeit, Sinnvolles zu erleben, erweitert wird um das Objekt der Erkenntnisfähigkeit selbst. Das Sinnvolle, die sinndurchdrungene Tätigkeit des Erkennens wird hier erkannt – und das ist der Sinn des Mensch-Seins, die Verwirklichung, die Geburt des Geistes, Ausgangspunkt für selbstständige Geist-Erkenntnis.

Die ganze Welt erscheint als vom Sinn durchdrungen, weil wir nicht mehr nur in den eigenen ‚Sinn' eingesperrt sind, sondern uns von außen anschauen können.

Ich stand am Strand des Meeres. Das Wasser rollte ziemlich ruhig auf den Strand zu, aber es gab Aufwellungen, Impulse im Wasser, Triebe um Welle zu werden, jetzt dahinströmend, anderen Wellen begegnend, umrollend, plätschernd. Ich sah den Willen, der das Wasser treibt, diesen wunderbaren Unterstrom, der die Wellen entstehen lässt, fortbewegt, allerlei Formen ergibt.

Dieses Wasser im Meer ist der Denkkraft ähnlich, auch sie bewegt sich, wird fortbewegt, macht Formbewegungen. Aber sie enthält keinen Sinn, sie enthält nur Willenskraft. Es ist die Kraft, die durch die Konzentration und Meditation gefunden wird, erzeugt wird.

Man kann aber weiter erleben, dass diese Bewegungen Sinn-berührend sind, dass sie verbindende Kräfte sind, Kräfte, die den einen Begriff aus dem anderen hervorwachsen lassen, weil beide ‚organisch' zusammenhängen. Die wellende, bewegende Denkkraft ist Wachstumskraft, aber bringt den Sinn hervor. Und wird vom Sinn berührt. Ohne Sinn gäbe es keine Schöpfung, denn der Sinn ist ja der Zusammenhang, ist die Harmonie, ist das klingende schaffende Weltenwort.

Das ergibt sich, wenn man die Ausdauer hat, zu tun, was nach dem ‚nie' in der ‚Philosophie der Freiheit' unmöglich wäre: immer wieder versuchen, das sinnsuchende Erkennen sinnvoll zu beobachten, aktuell, in der Gegenwart. Da finden wir nicht nur das Erkennen, sondern auch diesen Menschen, der dem Urprinzip des Erkennens so nahe steht; diesen Menschen, der einmal den Namen Rudolf Steiner trug.

Und weil jeder Mensch dieses Urprinzip in sich trägt, finden wir ebenfalls unser eigenes Ich, den Geist der Individualität. Kein All-Eins-Erleben ist das, sondern das starke differenzierte Erleben des individuellen Ich. Dieses Erleben hat eine kräftige ‚Essenz', die die ganze Biographie umfasst und weitere Kreise ziehen kann, vom anfänglichen Punkt zum Umkreis des Kosmos.

Die Lehre beweist sich im Tun als ‚kommend von Gott', und was beweist das dann über den Lehrer?

Was wir im Kleinen erreichen, hat er im Großen als Wissen, das Tatsache geworden ist. Erst im *Tun* der Anthroposophie bekommt man eine Ahnung der Geistgestalt Rudolf Steiners. Wie könnte man denn je diesen Menschen, der in der Entwicklung der ‚Vorgänger' ist, berichtigen wollen? Das ist ganz und gar unmöglich. Aussagen, die man nicht versteht, sollte man einfach da stehen lassen, wo sie stehen – und sich weiter entwickeln. Einmal kommt der Augenblick, in dem man sie würdigen kann. Und wenn wir mit allen unseren anthroposophischen Erkenntnissen manche Aussagen nicht würdigen können, wie sollte der ‚Laie' denn je dazu fähig sein? Es ist meiner Einsicht nach ein Verbrechen gegen den Geistesforscher, seine Aussagen losgelöst vom Kontext der nichtwissenden Außenwelt zu übergeben, von der eigenen fehlenden Erkenntnisfähigkeit begleitet. Das Gedächtnis Rudolf Steiners sollte geschützt werden, *er* sollte geschützt werden, statt wie eine Perle den Säuen zum Zertreten vorgeworfen zu werden.

Er ist noch immer da, er ist nicht tot. Er kann auch tatsächlich wirksam sein, wenn seine Schüler die Anthroposophie *realisieren*. Das bedeutet viel mehr, als eine Verwaltung der Erkenntnisse und der Künste. Das würde bedeuten, dass es immer mehr wirkliche freie Individualitäten gäbe, die Wärme und Verständnis ausstrahlen würden. Dann könnte die öffentliche Meinung nicht zweifeln an der Güte und Menschenliebe dieses Geisteslehrers, denn man würde an den Früchten den Baum erkennen.

Den lebendigen Rudolf Steiner findet man nicht in Zitaten oder Anekdoten. Er lebt in der Begabung, die Welt als von Sinn durchdrungen zu erkennen, sich selbst als Sinn-erkennend zu erkennen; das Durchforschen und Erleben dessen lässt uns den Geist in uns selbst spüren, immer stärker und stärker, bis er sich zur geistigen Welt differenziert und verdichtet. Dass der menschliche Geist dies vermag, kommt von der Liebefähigkeit, die sich darin verwirklicht, ‚*dass* es geschieht', dass die Lehre zur Tat wird, wodurch er seine göttliche Herkunft zeigt.

Wenn die Anthroposophie auf Erden wirklich weiterkommen soll, braucht sie die Wiederkunft dieses Menschen, der der übrigen Menschheit in der Entwicklung der geistigen Erkenntniskräfte und der geistigen Liebe so weit voraus ist. Die Frage muss jedoch aufkommen: Würde es einen Sinn haben, wenn er wieder da wäre? Das muss der in der heutigen Zeit lebende Mensch sich doch wirklich einmal fragen. Und die Antwort wäre dann zugleich eine Antwort auf die Frage: Ist er jetzt verkörpert, kann er hervortreten?

Die Bewusstseinsseele entfaltet sich, und die Menschheit hat unbewusst die Schwelle der geistigen Welt überschritten. Das ist ein Widerspruch. Es ist klar, dass wir sehr selbstbewusst sind. Auch der Mensch, der sich wenig Selbstgefühl zuschreibt, ist meistens trotzdem sehr selbstbewusst. Wir leben in dem starken Bewusstsein, dass wir etwas bedeuten. Das kann eine Bedeutung der körperlichen Schönheit sein, es kann eine Bedeutung der Intelligenz sein, der Liebefähigkeit, oder was auch immer. Wie es auch sei, es ist immer wieder der Körper, der diese Fähigkeiten gibt. Die Schönheit, die Intelligenz haben wir sicher unserem Körper zu verdanken (wenn auch der Körper aus dem Geist stammt, ist er doch im Jetzt nicht unserem eigenen Einsatz zuzuschreiben). Aber auch die Liebefähigkeit ist meistens gar nicht seelisch-geistig, sondern beruht auf physischer Anlage und Erziehung. Wir haben also noch lange keine Bewusstseinsseele entwickelt, die in sich selbst ruhend weiß, was sie wert ist. Das Selbstbewusstsein beruht auf dem vergänglichen Wert, auf Fähigkeiten, die mit unserem Körper einst wieder abfallen werden.

Merkmal dieses Selbstbewusstseins ist, dass es sich nichts von außen sagen lassen will. Es weiß, kann, will alles selbst, nur selbst.

Gerade weil es nur im Körperlichen gegründet ist, gibt es auch nicht die Fähigkeit – die der seelisch-geistigen, reinen Bewusstseinsseele eigen ist –, bewusst die Schwelle der geistigen Welt zu überschreiten. Die Anleitung zu einem bewussten Übergang in die geistige Welt kam gerade von Rudolf Steiner, und er wurde gestaltet an Hand der Entwicklung einer durchchristeten, reinen Bewusstseinsseele.

Nur eine solche könnte auch einen ‚neuen' Rudolf Steiner empfangen; nur Menschen die *sie* entwickelt hätten, könnten verstehen, dass *er* es wäre, der wiederum da wäre. Diese reine Bewusstseinsseele gibt es jedoch nicht von selbst, sie muss in Freiheit entwickelt werden. Diese Entwicklung ist noch nicht in Sicht.

Bis jetzt ist es die leibgebundene Bewusstseinsseele, die unsere Epoche prägt. Der Mensch entwickelt sich dann so, dass die Bewusstseinsseele die Grundlage gibt für den Kampf aller gegen alle in späteren Epochen – weil die Menschenseele nur sich selbst noch ertragen kann. Der Mensch erträgt nicht nur keine Erkenntnisse, die er von anderen empfängt: er muss sie sich selbst erworben haben; er erträgt auch keine Beurteilung durch andere; und er erträgt keine Liebe von seinem Mitmenschen, denn sie deutet auf eine niedrigere Position. Der Geliebte ist ‚Diener' des Liebenden. Die Liebe bekommt dieselbe Wirkung wie das Mitleid. Bemitleidet werden will der sebstbewusste Mensch nicht. Letztendlich will er auch nicht mehr geliebt werden.

Unterschiede darf es in keinerlei Weise mehr geben, es wird dann auch immer schwieriger, zu einem anderen Menschen emporzuschauen, weil er fortgeschritten ist. Weiser, intelligenter, liebevoller, toleranter, unbefangener, positiver…

Allmählich verliert der Mensch die Fähigkeit, sich (im besten Sinne) belehren zu lassen und dadurch weiterzukommen. Er kann nur noch ertragen, was er selbst schon in sich hat, das kann er anerkennen, kann er auch entwickeln. Was er von außen gelehrt wird, weist er ab.

Wenn jedoch ein Menschheitslehrer unter uns auftreten sollte, sollten wir alle diese Fähigkeiten vorzüglich entwickelt haben. Ohne eine Möglichkeit, die Lehren wirklich zu empfangen, wäre das Hervortreten eines geistigen Meisters ohne Sinn.

So würden wir uns selbst in eine geistige Einsamkeit zurückwerfen.

Persönliche Worte

Jeder Mensch, der sich mit der Anthroposophie auseinandersetzt, wird dabei verschiedene Erfahrungen machen – immer aber auch gleiche.

Die allererste Erfahrung, die ich mit der Geist-Erkenntnis Rudolf Steiners gemacht habe, ist die vollständige Überwindung der Todesfurcht – durch die rationalen Erkenntnisse über das nachtodliche Leben (Theosophie). Das ist nicht eine Erkenntnis wie andere, es ist ein Erlangen einer Lebenssicherheit, die nicht ihresgleichen hat. Nur wahre Erkenntnis kann eine solche Umwandlung im Lebensgefühl geben, dass die zentrale Furcht sich entspannt, wodurch eine ungeheure Energie frei wird.

Die zweite Erfahrung hängt mit der bereits vorhanden gewesenen Sehnsucht nach Selbsterziehung zusammen. Die von Rudolf Steiner beschriebene Tatsache, dass das Erwerben von Geist-Erkenntnis proportional zum Grad der Läuterung der Seele ist, verbürgte für mich die Wahrhaftigkeit dieses Strebens zum Geist. Eine fortwährende Arbeit an der eigenen Fähigkeit zum Mitleid und zur Liebe liegt vor dem Geistesschüler, neben einer stetigen Entwicklung der Erkenntnisfähigkeit selbst: Die Entwicklung der Kategorie des Erkennens, Konzentration, Denkübungen, wirklichkeitsgemäßes Leben und Urteilen, Selbstbetrachtung (nicht während des alltäglichen Lebens, sondern in stillen Augenblicken), eine fortwährend wachsende Liebe zur Arbeit, das Entwickeln des Gefühls, dass das ganze Leben ein Altar ist, an dem man seine Gaben opfert... Nicht, dass es auch immer gelingt – es kommt auf das ‚immer strebend sich bemühen' an.

Die dritte Erfahrung ist die Lebensfreude und Energie, die aus den ersten zwei Erlebnissen hervorwächst.

Rudolf Steiner zitiert einmal Nietzsche, der über Schopenhauer schrieb:[73]

> *‚Ich gehöre zu den Lesern Schopenhauers, welche, nachdem sie die erste Seite von ihm gelesen haben, mit Bestimmtheit wissen, dass sie alle Seiten lesen und auf jedes Wort hören werden, das er überhaupt gesagt hat. Mein Vertrauen zu ihm war sofort da … Ich verstand ihn, als ob er für mich geschrieben hätte: um mich verständlich, aber unbescheiden und töricht auszudrücken.'*

Rudolf Steiner hatte dasselbe für Nietzsches Arbeit empfunden. Dieselben Worte könnte ich wiederum über Rudolf Steiner sagen. Nun, nach 24 Jahren des ‚Zusammenlebens' mit dem Nachlass Rudolf Steiners und intensiver Nachfolge seiner Anregungen, habe ich noch immer nicht im geringsten genug davon, fesselt mich noch immer jede Zeile, habe ich noch immer keine bleibenden Widersprüche – zeitweilige natürlich schon – gefunden, beweist sein Werk noch täglich die unerschütterliche Wahrheit, weil alles nachvollziehbar ist, nicht nur als Erkenntnis, sondern vor allem in dem Verwirklichen der beschriebenen Erkenntnis-Stufen, das auch zum wirklichen, lebendigen Rudolf Steiner führt.

Täglich finde ich noch Neues, auch in Bänden, die ich schon mehrmals durchgearbeitet habe. Wenn ich ‚nur' lese, empfinde ich immer eine leise Schuld, weil es ja viel intensiver sein muss, jeder Inhalt muss meditiert werden, sich vertiefen, erweitern. Die Gesamtausgabe lebt, wenn der Leser darin leben kann (will), denn sie wächst, wird immer mehr, größer, wertvoller. Nie entsteht das Gefühl:

ja, ja, das weiß ich nun schon … immer bleibt dagegen die Empfindung: ich kann es nicht ganz ermessen, auch wenn ich es sehr wohl verstehen kann. Tiefer, höher, weiter reicht es, als ich erleben kann. Daraus wächst diese wachsende Sehnsucht, dieses wachsende ‚immer strebend sich bemühen'. Nicht erlahmend durch Langeweile, sondern zunehmend spannend ist dieses Studium, das in das Leben hineinführt. Leben in seinen verschiedenen Bedeutungen: das Leben der Biographie und das Leben des ätherischen Leibes, Leben im Gegensatz zum Tod.

Dieser Meister lehrt die Fähigkeit, die Erkenntnisse zur Tatsache werden zu lassen. Und damit setzt er unter seine ganze Arbeit die Signatur des Verbundenseins mit dem Göttlichen Wesen, das uns den Himmel auf Erden zur Tatsache werden läßt.

Im Bewusstsein der Unvollkommenheit dieser Darstellung, in tiefster Ehrfurcht und Dankbarkeit für diesen Meister des Abendlandes geschrieben,

Baarle Nassau, Ostermontag 2008.
Mieke Mosmuller.

LITERATURHINWEISE

1 Siehe Friedrich Schiller: *Ode an die Freude.*

2 Siehe den Vortrag vom 6. Februar 1923 in: Rudolf Steiner, *Anthroposophische Gemeinschaftsbildung*, GA 257.

3 Mieke Mosmuller, *Suche das Licht, das im Abendlande aufgeht*, Occident 1994.

4 Mieke Mosmuller, *Der Heilige Gral*, Occident 2005.

5 Siehe für eine Auseinandersetzung damit: Mieke Mosmuller, *Stigmata und Geist-Erkenntnis,* Occident 2008.

6 Rudolf Steiner, *Grundlinien einer Erkenntnistheorie der Goetheschen Weltanschauung mit besonderer Rücksicht auf Schiller,* GA 2.

7 Rudolf Steiner, *Wahrheit und Wissenschaft,* GA 3.

8 Ebd., S. 83.

9 Ebd., S. 72.

10 Rudolf Steiner, *Die Philosophie der Freiheit*, GA 4.

11 Rudolf Steiner, GA 258, S. 20.

12 Rudolf Steiner, *Mein Lebensgang,* GA 28, S. 327 f.

13 Ebd., S. 366.

14 Rudolf Steiner, GA 7.

15 Rudolf Steiner, GA 8.

16 Rudolf Steiner, GA 7, S. 18 f.

17 Christoph Lindenberg, *Rudolf Steiner*, Rowohlt 1992.

18 Rudolf Steiner, GA 28, S. 363 und 365 f.

19 Ebd., S. 323 ff.

20 Rudolf Steiner, *Theosophie,* GA 9.

21 Sebastian Gronbach, *Missionen*, 2008.

[22] Rudolf Steiner, GA 10.

[23] Rudolf Steiner, *Die Geheimwissenschaft im Umriss,* GA 13.

[24] Rudolf Steiner, *Wege und Ziele des geistigen Menschen; Lebensfragen im Lichte der Geisteswissenschaft,* GA 125, S. 76.

[25] Rudolf Steiner, *Die Geschichte und die Bedingungen der anthroposophischen Bewegung im Verhältnis zur anthroposophischen Gesellschaft,* GA 258, S. 139.

[26] Rudolf Steiner, *Die geistige Führung des Menschen und der Menschheit,* GA 15.

[27] Siehe 21.

[28] Siehe das von Ramon Brüll und Jens Heisterkamp verfasste ‚Memorandum' über diskriminierende Aussagen Rudolf Steiners.

[29] Das Alte Testament, Luther-Übersetzung 1912, 1. Kö 21,8 - 21,24.

[30] Rudolf Steiner, *Von Seelenrätseln*, GA 21.

[31] Rudolf Steiner, *Vom Menschenrätsel*, GA 20, S. 160ff

[32] E. Zeylmans van Emmichhoven, *Wer war Ita Wegman*, Bd. I.

[33] *Das Schicksalsjahr 1923*, GA 259.

[34] Siehe 21.

[35] Siehe GA 260a, Dokumente 1924/1925, S. 40.

[36] Rudolf Steiner, GA 258, S. 135.

[37] *Rudolf Steiner in Nederland*, 3, Jan van Wettum, Zeist.

[38] Rudolf Steiner, GA 10, S. 79.

[39] Ita Wegman, *An die Freunde*, Natura Verlag Arlesheim.

[40] Ebd.

[41] Peter Selg, *Geistiger Widerstand und Überwindung*, S. 94 f.

[42] Rudolf Steiner, Vorwort in GA 260.

[43] Rudolf Steiner, GA 258, S. 144.

[44] Ebd., S. 140.

[45] Erdmuth J. Grosse, *Das Rätsel des Urvorstandes*, Verlag am

Goetheanum 2007.

46 J.E. Zeylmans van Emmichhoven, *Wer war Ita Wegman*, Bd. 3, S. 259 ff.

47 Peter Selg, *Geistiger Widerstand und Überwindung,* S. 201.

48 Siehe 30.

49 Aristoteles, Hauptwerke, übersetzt von Wilhelm Nestle, 1977.

50 Thomas von Aquin, Super Evangelium St. Johanni Lectura.

51 Siehe 6, S. 46 f.

52 Rudolf Steiner, *Philosophie und Anthroposophie*, GA 35. Autoreferat eines Vortrags von 1908.

53 Mieke Mosmuller, aus der nicht veröffentlichten Erzählung *Prometheus.*

54 Rudolf Steiner, *Vorstufen zum Mysterium von Golgatha,* GA 152, S. 137.

55 Platon, *Kratylos*, Rowohlts Klassiker.

56 Rudolf Steiner, *Aus den Inhalten der esoterischen Stunden,* GA 266/3, S. 503.

57 J.W.von Goethe, *Naturwissenschaftliche Schriften. Vorträge über die vergleichende Anatomie,* Gedicht.

58 *Der andere Rudolf Steiner, Augenzeugenberichte, Interviews, Karikaturen.* Pforte Verlag, Dornach 2005, S. 118.

59 *Rudolf Steiner in Nederland,* 8, Leen Mees, De Jas.

60 Mieke Mosmuller, *Inferno*, 2007. Dieser Roman erscheint 2008 in deutscher Sprache.

61 Toon Hermans & Mieke Mosmuller, *Gewoon God,* Baarn, 1998.

62 Rudolf Steiner, *Die Geheimnisse der Schwelle*, GA 147, S. 98 f.

63 Jacques Maritain, *Thomas van Aquino, en zijn betekenis voor onze tijd.*

64 Mieke Mosmuller, *Stigmata und Geist-Erkenntnis, Judith von*

Halle versus Rudolf Steiner, Occident 2008.
65 Rudolf Steiner, *Das Initiatenbewusstsein*, GA 243.
66 Rudolf Steiner, *Mysterienstätten des Mittelalters. Rosenkreuzertum und modernes Einweihungsprinzip*, GA 233a.
67 Siehe 25. S. 42.
68 Rudolf Steiner, *Die Philosophie der Freiheit*, GA 4.
69 Rudolf Steiner, *Pastoral-Medizinischer Kurs, Das Zusammenwirken von Ärzten und Seelsorgern*, GA 318.
70 Siehe 68, S. 43.
71 Sebastian Gronbach, *Missionen*, S. 192.
72 Rudolf Steiner, *Geistige Wirkenskräfte im Zusammenleben von alter und junger Generation, Pädagogischer Jugendkurs*, GA 217.
73 Rudolf Steiner, *Friedrich Nietzsche, Ein Kämpfer gegen seine Zeit*, GA 5, S. 15.
74 *Mani's Lichtschat*, Rozenkruispers Haarlem 1997, S. 23.

Weitere Literatur

Erika Beltke/Kurt Viertl, *Erinnerungen an Rudolf Steiner*, Stuttgart 2001.
Andrej Belyj, *Mijn jaren met Rudolf Steiner*, Zeist 1989.
Sergej O. Prokofieff, *Rudolf Steiner und die Grundlegung der neuen Mysterien*, Stuttgart 1986.
Friedrich Rittelmeyer, *Meine Lebensbegegnung mit Rudolf Steiner*, Stuttgart 1983.
Albert Steffen, *Begegnungen mit Rudolf Steiner*, Dornach 1975.
G. Wachsmuth, *Rudolf Steiners Erdenleben und Wirken*, Dornach 1951.
F.W. Zeylmans van Emmichoven, *Rudolf Steiner*, Stuttgart 1961.
Rudolf Steiner, *Gesamtausgabe*, Dornach.